校企合作双元开发新形态信息化教材

高等职业教育汽车技术类“十四五”技能型人才培养实用教材

新能源汽车销售实务

（活页式）

主　编 ◎ 刘美君　廖辉湘　邓鹏飞

副主编 ◎ 葛文君　刘允乾　唐照梅

参　编 ◎ 苗姗姗　唐道娟　毕少华

宇正鑫　方正美　刘建伟

张小兴　陈怀俊　刘文静

西南交通大学出版社

·成 都·

图书在版编目（CIP）数据

图书在版编目（CIP）数据

新能源汽车销售实务：活页式 / 刘美君，廖辉湘，邓鹏飞主编. —成都：西南交通大学出版社，2023.7

ISBN 978-7-5643-9420-2

Ⅰ. ①新… Ⅱ. ①刘… ②廖… ③邓… Ⅲ. ①新能源 – 汽车 – 销售 – 高等职业教育 – 教材 Ⅳ. ①F766

中国国家版本馆 CIP 数据核字（2023）第 144948 号

校企合作双元开发新形态信息化教材

高等职业教育汽车技术类“十四五”技能型人才培养实用教材

Xinnengyuan Qiche Xiaoshou Shiwu (Huoye Shi)

新能源汽车销售实务（活页式）

主编　刘美君　廖辉湘　邓鹏飞

策划编辑 / 罗在伟

责任编辑 / 周媛媛

封面设计 / 原谋书装

出版发行　西南交通大学出版社

（四川省成都市金牛区二环路北一段 111 号

西南交通大学创新大厦 21 楼）

邮政编码　610031

发行部电话　028-87600564　　028-87600533

网址　http://www.xnjdcbs.com

印刷　四川玖艺呈现印刷有限公司

成品尺寸　185 mm × 260 mm

印张　13

字数　285 千

版次　2023 年 7 月第 1 版

印次　2023 年 7 月第 1 次

书号　ISBN 978-7-5643-9420-2

定价　46.00 元

课件咨询电话：028-81435775

前言

PREFACE

新能源汽车行业迅猛发展，产销量大幅增长。在新能源汽车市场发展趋势向好及5G时代新媒体营销崛起的背景下，越来越要求汽车营销人员具备“互联网+”新时代下的高素质、高技能人才的职业能力，选择紧贴产业行业企业岗位发展趋势的专业核心课程教材对于院校专业建设至关重要。

本教材采用职业院校“基于工作过程的任务教学法”体例，以理实一体化情景教学模式进行任务分解，并联合企业专家开发以微课活页工单风格为主，以配套比亚迪品牌4S店销售工作流程微视频辅助学习为辅，突显校企合作产教融合。以比亚迪汽车品牌销售基本流程为纲，围绕比亚迪汽车产品，介绍汽车销售顾问的岗位能力和实际操作技巧。本课程共分12个项目的学习内容，分别是新能源汽车概述、销售准备、客户开发、客户接待、需求分析、产品介绍、试乘试驾、异议处理、报价成交、新车交付、客户维系、短视频与直播营销。

本教材从“格物、致知、诚意、正心、修身、齐家、治国、平天下”中国传统文化角度着眼，结合社会主义核心价值观，紧紧围绕“价值塑造、能力培养、知识传授”三位一体的课程建设目标设计课程思政主题，将正确的价值追求有效地传递给学生，以期培养学生的理想信念、价值取向、政治信仰、社会责任，把学生培养成德才兼备、全面发展的人才。

本教程参考学时为72学时，其中建议教师讲授36学时，学生实训36学时，理论和实践比例为1 ∶ 1，学时分配表参见如0–1：

表 0–1　学时分配表

项目	课程内容	学时分配	
		讲授	实训
项目一	新能源汽车概述	3	3
项目二	销售准备	3	3
项目三	客户开发	3	3
项目四	客户接待	4	4
项目五	需求分析	3	3
项目六	产品介绍	4	4
项目七	试乘试驾	3	3
项目八	异议处理	3	3
项目九	报价成交	2	2
项目十	新车交付	2	2
项目十一	客户维系	2	2
项目十二	短视频与直播营销	4	4
课时小计		36	36
总课时合计		72	

本书由云南交通运输职业学院刘美君、廖辉湘、邓鹏飞担任主编，云南交通运输职业学院葛文君、刘允乾、唐照梅任副主编。参加编写的还有云南交通运输职业学院苗姗姗、唐道娟、毕少华、宇正鑫、方正美、张小兴、陈怀俊老师，陕西交通职业技术学院刘建伟老师，以及新疆交通职业技术学院刘文静老师。具体分工如下：项目一由宇正鑫和张小兴编写，项目二由毕少华编写，项目三由方正美和陈怀俊编写，项目四由刘允乾编写，项目五由苗姗姗编写，项目六和项目七由刘美君编写，项目八由唐照梅编写，项目九由廖辉湘编写，项目十由唐道娟和葛文君编写，项目十一由刘建伟和刘文静编写，项目十二由邓鹏飞编写。除此之外，特别感谢云南迪坤汽车销售有限公司（比亚迪汽车品牌 4S 店）行政总监梁冬梅女士和培训经理张作松先生给予的所有支持。

本书在编写的过程中，引用了一些网上资料、图片及参考文献中的部分内容，特向其作者表示深切的谢意。

恳请读者对本书的内容和章节安排等提出宝贵意见，并对书中存在的错误及不当之处提出批评和修改建议，以便本书再版修订时参考。

编　者

2023 年 1 月

二维码目录

LIST OF QR CODE

续表

7-1-1	试乘试驾准备理论	视频	105
7-1-2	比亚迪试乘试驾准备实操	视频	105
7-2-1	客户试乘理论	视频	109
7-2-2	比亚迪试乘试驾协议	文本	109
7-3-1	客户试驾理论	视频	113
7-3-2	比亚迪试乘试驾实操	视频	113
7-4-1	试乘试驾结束理论	视频	115
7-4-2	试乘试驾注意事项理论	视频	115
8-1-1	异议处理知识	视频	123
8-1-2	处理客户异议的时机	视频	123
8-2-1	异议处理步骤（一）	视频	126
8-2-2	异议处理步骤（二）	视频	126
8-3-1	ACE 竞品异议处理法、CPR 异议处理法	视频	130
8-3-2	异议处理的其他方法	视频	130
8-3-3	异议处理的技巧	视频	130
9-1-1	报价成交的意义及组成	视频	140
9-1-2	报价成交流程理论	视频	140
9-2-1	价格商谈的技巧	视频	144
9-2-2	报价成交的实操	视频	144
10-1-1	新车交付前的准备理论	视频	156
10-1-2	新车交付 PDI 检查理论	视频	156
10-2-1	新车交付流程	视频	159
10-2-2	新车交付实操	视频	159
11-1-1	成交客户售后跟踪回访要点及流程	视频	170
11-1-2	成交客户售后跟踪回访方法	视频	170
11-2-1	未成交客户售后跟踪回访要点及流程	视频	175
11-2-2	未成交客户售后跟踪回访方法	视频	175
12-1-1	短视频概念	视频	183
12-1-2	直播概念	视频	183
12-2-1	短视频拍摄要点	视频	187
12-2-2	短视频拍摄技巧	视频	187
12-3-1	汽车销售直播要点	视频	190
12-3-2	汽车销售直播技巧	视频	190
12-3-3	汽车销售直播实操	视频	190

目录

CONTENTS

07

项目七

试乘试驾

08

项目八

异议处理

09

项目九

报价成交

10

项目十

新车交付

11

项目十一

客户维系

12

项目十二

短视频与直播营销

项目一

新能源汽车概述

学习目标

1. 知识目标

（1）掌握新能源汽车的定义、分类及特点。

（2）掌握新能源汽车的发展历程。

（3）掌握新能源汽车发展的必要性。

2. 技能目标

（1）能分析不同类型新能源汽车的特点。

（2）能分析新能源汽车发展的必要性。

3. 素质目标

（1）注重培养学生一丝不苟、严肃认真的工作态度和工作作风。

（2）能够引发学生兴趣，关注国家新能源事业，并能参与绿色出行。

（3）加强形象思维能力和抽象思维能力培养，不断提高学习兴趣和效率。

思政目标

（1）通过我国新能源的发展历程，重点以比亚迪品牌为例，分析近几年来比亚迪新能源车的产销量及最新上市的车型，激发学生的爱国热情和民族自豪感，引导学生树立正确的世界观。

（2）通过实训任务查找近几年新能源汽车的销量，引发学生兴趣，关注国家新能源事业并参与绿色出行。

（3）通过新能源车辆安全操作规程，提高学生安全意识。

情境描述

客户杨先生与杨太太来到比亚迪销售展厅，两人仍在犹豫购买新能源车还是燃油车，想通过对不同车型的了解来确定购买车型。如果你是销售顾问，你能否通过对不同车辆的介绍让客户对新能源车和燃油车有清楚的认识？怎样使客户不仅对新能源车辆产生了解而且能激发他们的购买欲望呢？

<table>
<tr><td>项目名称</td><td colspan="3">新能源汽车概述</td></tr>
<tr><td>小组成员</td><td colspan="3"></td></tr>
<tr><td>负责人</td><td colspan="3"></td></tr>
<tr><td>时间</td><td colspan="3"></td></tr>
<tr><td colspan="4">情境描述：
客户杨先生与杨太太来到比亚迪销售展厅，两人仍在犹豫购买新能源车还是燃油车，想通过对不同车型的了解来确定购买车型。如果你是销售顾问，你能否通过对不同车辆的介绍让客户对新能源车和燃油车有清楚的认识？怎样使客户不仅对新能源车辆产生了解而且能激发他们的购买欲望呢？</td></tr>
<tr><td colspan="4">安排角色扮演及材料收集情况记录：</td></tr>
<tr><td colspan="4">安排完成情况记录：</td></tr>
<tr><td colspan="2">小组负责人：</td><td colspan="2">完成时间：</td></tr>
<tr><td colspan="4">教师评价：</td></tr>
</table>

项目一 新能源汽车概述

项目分析

销售顾问只有了解新能源汽车的发展历程，熟悉新能源汽车的分类和特点，才能向客户介绍不同类型的车辆，让其了解到新能源汽车与传统燃油车的区别，为客户购买新能源汽车做好铺垫。

在客户了解的过程中，让客户知道如何给新能源车辆充电，可以提高客户的兴趣。此外，可以告知客户新能源车辆高压操作的注意事项，提高客户的安全意识。采用理实一体化方式进行教学，通过课前微课预习、课中理论强化及实操演练、课后拓展练习，达到知识、技能、素养等方面的提升。

任务实施

任务一　新能源汽车发展概述

1-1-1　新能源汽车的定义及分类　　　　1-1-2　新能源汽车发展历程

信息页

学习项目	新能源汽车概述	学习时间	20 min
学习任务	新能源汽车发展概述	学习地点	理实一体化教室

一、新能源汽车的定义及种类

（一）新能源汽车的定义

新能源汽车是指采用非常规的车用燃料作为动力来源（或使用常规的车用燃料，采用新型车载动力装置），综合车辆的动力控制和驱动方面的先进技术，形成的技术原理先进，具有新技术、新结构的汽车。

（二）新能源汽车的种类

根据《新能源汽车生产准入管理规则》的规定，新能源汽车包括氢发动机汽车、天然气汽车以及其他新能源汽车等各类别产品。

1. 混合动力汽车

混合动力汽车是指采用传统燃料，同时配以电动机或发动机来改善低速动力输出和燃油消耗的车型。因各个组成部件、布置方式和控制策略的不同，混合动力汽车有多种分类形式。混合动力汽车按照燃料种类的不同，可以分为汽油混合动力汽车和柴油混合动力汽车两种。目前在国内，混合动力车辆的主流都是以汽油混合动力为主，而国际上柴油混合动力车型的发展也比较快速。按混合动力分类，混合动力汽车一般可以分为普通混合动力汽车、插电式混合动力汽车以及增程式混合动力汽车。

2. 纯电动汽车

纯电动汽车是指以车载电源为动力，用电动机驱动车轮行驶，符合道路交通、安全法规各项要求的车辆，一般采用高效率充电蓄电池为动力源。

3. 燃料电池电动汽车

燃料电池电动汽车是利用氢气等燃料和空气中的氧在催化剂的作用下在燃料电池中经电化学反应产生电能，并由此作为主要动力源驱动的汽车。燃料电池电动汽车实质上是纯电动汽车的一种，主要区别在于动力电池的工作原理。

4. 其他新能源汽车

其他新能源汽车类型很多，没有统一的标准。包括压缩天然气、液化石油气、液化天然气、生物燃料和乙醇等作为燃料的汽车；还包括氢发动机汽车、太阳能汽车及使用超级电容、飞轮电池等高效储能器的汽车。目前，许多国家和地区对新能源汽车已经进行了较多推广，这也将成为未来世界汽车产业发展的趋势。

二、新能源汽车发展历程

（一）第一次发展机遇

早在 1835 年，荷兰的 Sibrandus Stratingh 教授就设计了第一款小型电动车，但更具实用价值的电动车是由美国人托马斯·达文波特和苏格兰人罗伯特·戴维森在 1842 年研制的，他们首次使用的是不可充电电池。

1881 年，法国发明家 Gustave Trouve 在巴黎举行的国际电力博览会上演示了三轮电动车，如图 1-1-1 所示。在当时的汽车消费市场上，电动汽车具有无气味、振动小、无噪声、不用换挡和价格低廉等一系列内燃机驱动的车辆所不具备的优势，因此，电动汽车在当时的汽车发展中占据着重要位置。到 1890 年，在全世界的 4200 辆汽车中，有 38% 为电动汽车，40% 为蒸汽车，22% 为内燃机汽车。

图 1-1-1 三轮电动车

1920 年 1 月，第一辆充电式汽车问世。如图 1-1-2 所示，该汽车是美国新泽西州的发明家在早期混合动力汽车设计基础上的创新之作。电动马达直接被安装在后轮轴上，车辆滑行时发电机能直接为蓄电池充电。此外，安装在车前的 4 缸汽油发动机也可以在行驶途中为汽车充电。

项目一 新能源汽车概述

图 1-1-2　第一台充电式汽车

1920 年 8 月，经济型电动汽车风行天下。如图 1-1-3 所示，这种在 1920 年前后生产的电动汽车体积小、重量轻，因此最大限度地发挥了电动马达的功能。这种汽车的使用成本比燃油车更低。事实上，第一次世界大战之后，油价不断上涨，仅英国电动汽车的使用量便增加了 8%，电动汽车成为一种更经济实用的交通工具。

图 1-1-3　经济型电动汽车

到了 20 世纪 30 年代末，这种以蓄电池为电源，用直流电动机产生驱动力的电动汽车逐渐消失了。其主要原因是当时的蓄电池性能较差，电动汽车的成本太高而续航里程太短。在这一时期，由于大量油田的开发，廉价的石油降低了汽车的使用成本，加上内燃机技术及汽车底盘技术的不断提升，同时采用流水线生产方式大规模批量制造，使内燃机汽车在市场竞争中占据了绝对的优势，电动汽车被无情淘汰。

（二）第二次发展机遇

20 世纪 70 年代，世界爆发石油危机，纯电动车再次受到重视。尤其是日本，由于其石油资源匮乏，受世界原油市场影响很大，加上人口密度大，城市污染重，因此日本政府特别重视电动车研发。

1965 年，电动车被正式列入其国家项目。

1971 年，日本通产省制订了“电动车的开发计划”，对电动车的发展有了一个明确的规划，对购买电动车的用户还制定了优惠补贴措施，日本电动车有了一定发展。

1973 年 4 月，电动巴士和木头轿车产生。如图 1-1-4 所示，1973 年出现了好几款电动汽车，包括一款电动巴士和一种全木质车身的轿车。

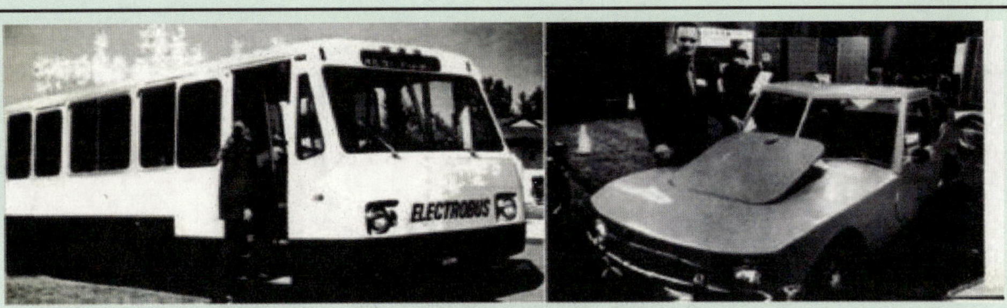

图 1-1-4　电动巴士和木头轿车

1975 年 11 月，带发电机拖车的豪华版电动汽车诞生。Transformer 1 型车是推向市场的第一款豪华版长途用电动车，能够以 80 km/h 的速度持续行驶 1770 km。

在电动汽车技术得到进一步发展以后，欧美、亚洲诸多国家开始研发和生产电动汽车，但是石油价格在 20 世纪 70 年代末开始下跌，在电动汽车还未成为商业化产品之前，能源危机和石油短缺问题已不再严重。因此，电动汽车又遭遇冷落，电动汽车的发展走入低谷。

（三）第三次机遇

20 世纪末，随着全球石油资源的日益减少，环境问题的日趋严重，在节能环保车辆的需求越来越迫切的大环境下，人们重新认识到了电动汽车的重要性。

1990 年 1 月，通用汽车公司向全球推出 Impact 纯电动轿车。

1992 年福特汽车公司推出了使用钙硫电池的 Ecostar。

1994 年通用 Impact EV1 开始路测。2 年后，它成为大型制造公司用现代化批量生产的方式推出的第一款电动汽车。

1996 年丰田汽车公司推出了使用镍氢电池的 RAV4 EV，法国雷诺汽车公司于 1996 年推出了 Clio。而后来丰田汽车公司于 1997 年推出的 Prius（普锐斯）混合动力汽车如图 1-1-5 所示，和本田汽车公司于 1999 年发布、销售的混合动力 Insight 都使用先进的混联式混合动力系统，也在新能源汽车发展史上留下了浓墨重彩的一笔。

2003 年，采用镍氢电池组、搭载 THS-II 系统、综合油耗 5.1L 的普锐斯二代从诞生开始就大获成功。

图 1-1-5　丰田普锐斯

2008 年 11 月，电动汽车迎来新的春天。如今，菲斯科 KarmA、日产 Denki Cube、雪佛兰 Volt 和特斯拉 Roadster 等车型纷纷加入未来充电汽车的行列。这些汽车都采用最新的锂离子电池技术，准备把汽车的性能与活动范围都推上一个新的台阶。

2013 年，比亚迪秦发布，如图 1-1-6 所示。这款续航里程超过 80 km、搭载 1.5T 发动机的并联混合动力车，享受补贴后仅十几万元。这意味着新能源汽车正在走进普通消费者。

图 1-1-6　比亚迪秦

三、我国新能源汽车发展历程

新能源汽车为中国缓解能源危机、改善空气污染、减少温室气体排放提供了破解之路。中国的新能源汽车产业自 20 世纪 90 年代开始到目前，分别经历了研发布局、产业化准备、示范推广和产业化发展四个阶段。

（一）研发布局阶段（1991—2005 年）

（1）“八五”期间，国家计划委员会科技攻关项目中列有“电动汽车关键技术研究”。

（2）“九五”期间，燃料电池技术被列为国家重大科技攻关项目。

（3）2001 年 9 月，电动汽车研究开发被列入科学技术部“十五”国家“863”计划重大专项。

（4）2005 年，在《国家中长期科学和技术发展规划纲要（2006—2010 年》中，“低能耗与新能源汽车”“氢能及燃料电池技术”分别被列入优先主题和前沿技术。

（二）产业化准备阶段（2006—2010 年）

（1）“十一五”期间，国家开展了电动汽车小规模的示范应用。

（2）2008 年 11 月，国内第一款电动汽车获得上市批准，并开始量产。

（3）2009 年 1 月，我国新能源汽车“十城千辆”工程启动，计划通过提供财政补贴，用 3 年左右时间，每年发展 10 个城市，每个城市推出 1000 辆新能源汽车。

（4）2010 年 6 月，财政部、科学技术部、工业和信息化部、国家发展和改革委员会联合颁布《私人购买新能源汽车试点财政补助资金管理暂行办法》，确定在 5 个城市（上海、长春、深圳、杭州、合肥）启动私人购买新能源汽车补贴试点工作。

（三）示范推广阶段（2011—2015 年）

（1）2012 年，《节能与新能源汽车产业规划（2012—2020）》确定了新能源汽车产业化目标。

（2）2012 年开始实施新能源汽车车船税优惠政策。

（3）2015 年，中国新能源汽车产销量位居全球第一。

（四）产业化发展阶段（2016 至今）

“十三五”时期（2016—2020 年），中国新能源汽车开始进入产业化发展阶段，初步实现规模化应用。

（1）2016 年 12 月发布《关于调整新能源汽车推广应用财政补贴政策的通知》，自此新能源汽车补贴持续退坡。

（2）2017 年，将新能源汽车确立为汽车强国战略突破口。

（3）2018 年，乘用车“双积分”办法颁布，推动新能源产业加速规模化生产和应用。

（4）2019 年 12 月，《新能源汽车产业发展规划（2021—2035 年》征求意见，确立了未来时期中国新能源汽车产业高质量发展的基调。

工作页

学校名称		任课教师	
班　　级		学生姓名	
学习项目	新能源汽车概述	学习时间	
学习任务	新能源汽车发展概述	学习地点	理实一体化教室

1. 完成下列判断题

（1）新能源汽车是指采用非常规的车用燃料作为动力来源，综合车辆的动力控制和驱动方面的先进技术，形成的技术原理先进，具有新技术、新结构的汽车。（　　）

（2）纯电动汽车是指以车载电源为动力，用电动机驱动车轮行驶，符合道路交通、安全法规各项要求的车辆，一般采用高效率充电蓄电池为动力源。（　　）

（3）1921 年 1 月，第一辆充电式汽车问世。（　　）

（4）20 世纪 70 年代，世界爆发石油危机，纯电动车再次受到重视。（　　）

（5）“十二五”时期，中国新能源汽车开始进入产业化发展阶段，初步实现规模化应用。（　　）

2. 完成下列选择题

（1）混合动力汽车是指采用传统燃料，同时配以（　　）或发动机来改善低速动力输出和燃油消耗的车型。

A. 电池　　B. 发电机　　C. 电动机　　D. 内燃机

（2）20 世纪末，随着（　　）、环境问题的日趋严重，在节能环保车辆的需求越来越迫切的大环境下，人们重新认识到了电动汽车的重要性。

A. 石油资源减少　　B. 气候变化　　C. 环境污染　　D. 人口增加

（3）（　　）电动汽车研究开发列入科学技术部“十五”国家“863”计划重大专项。

A. 2000 年 9 月　　B. 2001 年 9 月　　C. 2002 年 9 月　　D. 2003 年 9 月

（4）2009 年 1 月，我国新能源汽车（　　）工程启动，计划通过提供财政补贴，用 3 年左右时间，每年发展 10 个城市，每个城市推出 1000 辆新能源汽车。

A. 863　　B. 电动汽车关键技术研究

C. 双积分　　D. 十城千辆

3. 简述新能源汽车类型

任务二　新能源汽车常见品牌

1-2-1　新能源汽车常见品牌　　　　1-2-2　比亚迪海洋系列

信息页

学习项目	新能源汽车概述	学习时间	30 min
学习任务	新能源汽车常见品牌	学习地点	理实一体化教室

乘联会官方公布2022年中国乘用车市场销量数据，全年国内新能源乘用车市场累计零售销量达到567.4万辆，同比增长90.0%。2022年新能源乘用车销量排名情况如下。

表1-2-1　2022年新能源乘用车销量排名

排名	汽车厂商	乘用车销量 / 辆
1	比亚迪汽车	1 799 947
2	上汽通用五菱	442 118
3	特斯拉中国	439 770
4	吉利汽车	304 911
5	广汽埃安	273 757
6	奇瑞汽车	221 157
7	长安汽车	212 277
8	哪吒汽车	148 666
9	理想汽车	133 246
10	长城汽车	123 920

一、特斯拉

特斯拉（Tesla）是一家美国的电动汽车及能源公司，总部位于帕洛阿托（Palo Alto），产销电动汽车、太阳能板及储能设备，由马丁·艾伯哈德和马克·塔彭宁于2003年7月1日共同创立，创始人将公司命名为“特斯拉汽车”，以纪念物理学家尼古拉·特斯拉。2022年特斯拉中国区销量突破43万辆。

（一）Tesla Model X

Model X 纯电动平台集成了动力总成和电池技术，可实现更高的效率、性能和续航，采用双电机全轮驱动，百公里加速仅需 3.9 s，续航里程达 560 km，最高车速 250 km/h。Model X 拥有超大的载物空间，可达 2577 L，卓越的牵引能力达 2268 kg，最多可容纳 7 位成人舒适乘坐，鹰翼门的独特开启方式使后排乘客能够轻松入座，如图 1-2-1 所示。Tesla 在全球范围拥有超过 30 000 个超级充电桩，国内充电网络也已覆盖主要城市和热门路线。在超级充电站充电 15 min 即可补充最多 282 km 续航。

图 1-2-1　Tesla Model X

（二）Tesla Model S

Model S 系列车型专为速度、耐力和续航力而打造，风阻系数极低，仅为 0.208 Cd，如图 1-2-2 所示。双电机全轮驱动版拥有 Tesla 在售全系车型中最佳的续航表现，以及强劲的动力和稳定的控制力，百公里加速仅需 3.2 s，续驶里程 652 km，最高车速 250 km/h，峰值功率 670 马力（493 kW），充电最大功率 250 kW。

图 1-2-2　Tesla Model S

二、比亚迪

比亚迪股份有限公司（英文名“Build Your Dreams”）是一家横跨电子、汽车、新能源和轨道交通四大产业，并在香港和深圳两地上市的高新技术企业。比亚迪创立于 1995 年 2 月，从二次充电电池制造起步，2003 年进入汽车行业，同时布局新能源产业，2016 年 10 月进入轨道交通产业。据比亚迪官方数据显示，比亚迪 2022 年新能源车型最终的销量高达 179.9 万多辆，以绝对的领先优势获得第一。

（一）比亚迪汉 EV

比亚迪汉 EV（简称为汉 EV）于 2020 年 7 月 12 日上市，如图 1-2-3 所示，汉 EV 搭载全球首款高性能集成化碳化硅 MOSFET 电机控制模块，由比亚迪自主研发采用航天级铝碳化硅底板材料，能降低内阻，增加电控系统的过流能力，让电机将功率与扭矩发挥到极致，大幅提升了电机的性能表现。搭载新型磷酸铁锂刀片电池，放电倍率大幅提升，寿命为 8 年 120 万 km，同时成本节约 30%，电池体积比能量密度提升 50%。刀片电池空间利用率约 60%，传统电池包空间利用率仅约 40%。百公里加速仅需 3.9 s，续驶里程 605 km，充电 10 min 可续航 135 km，由 30% 电量充电至 80% 仅需 25 min。据中国汽车流通协会汽车市场研究分会（乘联会）数据统计，2022 年汉 EV 全年累计销售超 27 万辆。

图 1-2-3　汉 EV

（二）比亚迪宋 PLUS DM-i

比亚迪宋 PLUS DM-i（简称为宋 PLUS DM-i）于 2021 年 3 月 25 日正式上市，如图 1-2-4 所示。新车基于全新 DM-i 平台打造，提供 110 km/51 km 两种续航版本，其中高续航版每百公里油耗仅 4. 4L，是目前市面上油耗最低的插电混动车型之一。它搭载的比亚迪 DM-i 超级混动系统，以骁云—插混专用 1.5 L 高效发动机和永磁电机、EHS 电混系统和 DM-i 超级混动专用刀片电池为核心，打造出以电为主的混动技术，发动机最大功率可达 110 马力（81 kW），最大扭矩 135 N · m，电机最大功率 145 kW，最大扭矩 325 N · m，最高车速为 200 km/h。宋 PLUS DM-i 可油可电，在满油满电的状态，51 km 版本综合续航里程可达 1150 km，110 km 版本更可达 1200 km，凭借大功率电机优势，宋 PLUS DM-i 零百加速达到 7.9 s。

图 1-2-4　宋 PLUS DM-i

工作页

学校名称		任课教师	
班　　级		学生姓名	
学习项目	新能源汽车概述	学习时间	
学习任务	新能源汽车常见品牌	学习地点	理实一体化教室

1. 完成下列判断题

（1）特斯拉（Tesla）总部位于帕洛阿托（Palo Alto），创始人将公司命名为"特斯拉汽车"，以纪念物理学家尼古拉·特斯拉。（　　）

（2）Tesla Model X，百公里加速仅需 3.2 s，续航里程达 560 km，最高车速 250 km/h。（　　）

（3）比亚迪创立于 1995 年 2 月，从二次充电电池制造起步，2003 年进入汽车行业，同时布局新能源产业，2016 年 10 月进入轨道交通产业。（　　）

（4）比亚迪汉搭载新型磷酸铁锂刀片电池，放电倍率大幅提升，寿命为 8 年 120 万 km，同时成本节约 40%，电池体积比能量密度提升 50%。（　　）

2. 完成下列选择题

（1）2022 年新能源乘用车企业销量排名第一的是（　　）。

A. 比亚迪　　B. 特斯拉　　C. 北京汽车　　D. 通用五菱

（2）Tesla Model S 百公里加速为（　　）。

A. 2.8 s　　B. 3.2 s　　C. 3.6 s　　D. 3.9 s

（3）比亚迪宋 PLUS DM-i 最高车速为（　　）。

A. 180 km/h　　B. 200 km/h　　C. 220 km/h　　D. 250 km/h

3. 列举比亚迪新能源汽车车型

4. 写出以下品牌车型的类型及价格，并查找资料列举 10 个车型

品牌	车型	动力类型	价格
比亚迪	秦 EV		
比亚迪	唐 DM		
北汽	EU7		
北汽	X7		
特斯拉	Model 3		

项目一 新能源汽车概述

任务三　新能源汽车充电及安全操作注意事项

1-3-1　新能源汽车充电及安全操作注意事项　　　　1-3-2　充电介绍

信息页

学习项目	新能源汽车概述	学习时间	30 min
学习任务	新能源汽车充电及安全操作注意事项	学习地点	理实一体化教室

一、充电桩充电操作流程

（1）将车辆停至充电桩指定停车点，关闭启动开关，将车钥匙取下。

（2）打开充电盖板，松开充电插座塑料卡扣，打开充电口盖。

（3）将充电桩的充电枪与车身上的充电插座相连接，设置充电方式，组合仪表上充电连接指示灯点亮。充电过程中充电连接指示灯一直处于点亮状态。

（4）充电结束后，解锁，拔出车端充电枪，盖好车端充电枪的防尘盖。

二、新能源汽车充电注意事项

（1）混合动力车辆插有充电电缆时不要加油，与易燃物品保持充足安全距离。未按规定插入或拔出充电电缆存在因燃油燃烧等导致人员受伤或物品损坏的危险。

（2）使用家用插座为高电压动力电池充电会导致插座上出现较高持续负荷。因此必须遵守以下说明：

① 不要使用适配器或延长电缆。

② 充电结束后首先拔出车上的充电插头，然后再拔出三角的充电插头。

③ 避免绊倒以及充电电缆和插座机械负荷。

④ 不要将充电插头插在损坏的插座上。

⑤ 不要使用损坏的充电电缆。

⑥ 为高电压动力电池充电时，充电插头和充电电缆可能会变热。如果变得过热，则充电插座不适合用于进行充电或充电电缆已损坏，应立即中止充电并让电气专业人员进行检查。

⑦ 反复出现充电故障或中断情况时，联系具有资质的维修人员。

⑧ 仅使用防潮和防侵蚀的插座。

⑨ 不要用手指或物体接触插头触点区域。

⑩ 切勿自行维修或改进充电电缆。

⑪ 进行清洁前将电缆两侧均拔出，注意电缆不要浸入液体内。

⑫ 充电期间不允许进行自动洗车。

⑬ 仅在经过电气专业人员检查的插座上进行充电。

⑭ 在不了解基础设施 / 插座上充电时，遵守用户手册内的特殊说明。在车上将充电电流设置为“较低”。

工作页

学校名称		任课教师	
班　　级		学生姓名	
学习项目	新能源汽车概述	学习时间	
学习任务	新能源汽车充电及安全操作注意事项	学习地点	理实一体化教室

1. 完成下列判断题

（1）充电过程中，钥匙可以放在车上。（　　）

（2）充电过程中，充电连接指示灯一直处于点亮状态。（　　）

（3）充电结束后，可直接拔出充电枪。（　　）

（4）混合动力车辆插有充电电缆时不要加油，与易燃物品保持充足安全距离。（　　）

（5）如果充电插头和充电电缆变得过热，则充电插座不适合用于进行充电或充电电缆已损坏，应立即中止充电并让电气专业人员进行检查。（　　）

2. 完成下列选择题

（1）车辆充电时，应（　　）启动开关。

A. 关闭　　B. 打开　　C. 启动　　D. 拨动

（2）车辆充电过程中，指示灯颜色为（　　）。

A. 红色　　B. 黄色　　C. 绿色　　D. 橙色

（3）充电结束后首先拔出车上的（　　），然后再拔出三角的充电插头。

A. 充电插头　　B. 钥匙　　C. 三角插头　　D. 充电桩连接插头

3. 写出充电操作前需要注意的安全方面要点及其违规操作可能带来的后果关键词，并结合实训条件进行演练前的准备

操作前注意事项	违规操作可能带来的后果
正确选择与车型匹配的充电设备	
确保周围环境，不靠近易燃、易爆危险物品	
充电前确认充电设备无损坏和异常情况	
充电过程保证车辆驻停可靠	
严禁在充电过程中拔卸枪头和移动车辆	

4. 进行车辆操作前，销售顾问需要准备三个方面的要点及具体要求的关键词，并结合实训条件进行演练前的准备

工作内容	操作要点	具体要求
车辆充电操作前的准备	车辆准备	
	场地准备	
	人员准备	

项目一 新能源汽车概述

项目考核

一、充电操作的演练

客户杨先生与杨太太来到比亚迪销售展厅，在了解汉 EV 后，担心车辆充电问题，想尝试给车辆充电，销售顾问为了增加客户的购买欲望，邀请客户进行车辆充电操作。

（1）学生通过情景模拟、角色扮演进行新能源车辆充电实操训练。

（2）学生分成 4 个小组，每个小组为一个销售团队，由组长带领组员进行任务分析、角色安排、情景练习，保证每个同学都有工作安排且每个同学都要担任一次客户角色和销售顾问角色。

（3）小组成员对客户所担心的充电问题进行预设后，一起谈论整理充电操作流程。

（4）演练中，通过考核表进行考核，每结束一位学生的演练，组长需要组织组员进行讨论互评，教师负责时间控制、进度管理、结果复核。

二、任务评价表

表 1-3-1　充电操作考核表

姓　名						
评价要素	评价内容	分值	得分		要素分值	得分
			自评	互评		
职业素养	着统一的商务装，符合形象礼仪	5			25	
	有主动进行沟通的意识和动作	5				
	交流始终面带微笑，神情专注亲和	5				
	语言表达符合销售礼仪要求	5				
	能执行展厅展车管理要求	5				
操作	品牌文化与标志	5			45	
	外观设计	5				
	充电口盖板开关查找	5				
	充电口识别	5				
	充电口防尘罩摘取	5				
	充电枪插拔	10				
	充电桩设置	10				
功能展示	介绍指引手势	5			30	
	充电功能操作展示	5				
	关注客户疑问并及时解答	5				
	展示充电操作流程	5				
	邀请客户参与动手体验	5				
	解答客户操作疑问	5				
评价权重（%）			40	60	100	
评价各主体分数小结						

巩固拓展

（1）请小组课后完善统计并分析任务实施中充电操作考核表的相关数据，并根据评价表进行自我反思和提升。

（2）进行下一次教学任务的课前微课学习安排，通过信息化平台进行课前任务进度管理及课前学习情况分析。

（3）新任务迁移：其他品牌车型产品介绍以及产品性能对比。

学生小组合作，当新能源汽车在充电时发生火灾，应如何进行应急处置，整理资料，上交教师检查。

项目二

销售准备

学习目标

1. 知识目标

（1）掌握展厅各个区域的准备要求。

（2）了解汽车销售顾问必备的销售工具。

2. 能力目标

（1）能按要求、规范布置销售展厅及展车。

（2）能够运用仪容、仪表、仪态规范自身服务形象。

3. 素质目标

（1）塑造良好的个人职业形象，提高自身在职场中的竞争力。

（2）培养专业的职业素养，提升品牌竞争力。

思政目标

（1）作为汽车销售顾问，对待客户要具备礼让谦恭的职业素养，同时作为中华民族的一员，更应承担传承中国传统美德的使命。让同学们意识到礼仪是中华民族优良的传统文化，不管是日常行为礼仪还是职场礼仪，都是爱国的一种表现，强化学生爱国情怀。

（2）以个人准备为切入点，树立学生正确的服务意识观和服务价值观，通过横向专业理论课的补充，纵向实操训练，让学生成为知行合一、德才兼备的汽车服务人才。

情境描述

客户张先生在某汽车网站上关注了汉 EV 这款车型，然后致电经销商了解目前的优惠政策，销售顾问王某接听了电话并邀张先生明天到店看车。如果你是销售顾问王某，请思考如何做好售前准备。

<table>
<tr><td>项目名称</td><td colspan="2">销售准备</td></tr>
<tr><td>小组成员</td><td colspan="2"></td></tr>
<tr><td>负 责 人</td><td colspan="2"></td></tr>
<tr><td>时　　间</td><td colspan="2"></td></tr>
<tr><td colspan="3">情境描述：
客户张先生在某汽车网站上关注了汉 EV 这款车型，然后致电经销商了解目前的优惠政策，销售顾问王某接听了电话并邀张先生明天到店看车。如果你是销售顾问王某，请思考如何做好售前准备。</td></tr>
<tr><td colspan="3">安排角色扮演及材料收集情况记录：</td></tr>
<tr><td colspan="3">安排完成情况记录：</td></tr>
<tr><td colspan="2">小组负责人：</td><td>完成时间：</td></tr>
<tr><td colspan="3">教师评价：</td></tr>
</table>

项目分析

汽车销售前的准备工作，直接关系到客户对品牌的信任和汽车4S店的效益，因此在客户到店之前应做好充分的准备。汽车销售顾问的专业程度能给客户留下良好的第一印象，使客户对销售顾问产生安全感和信任感，增强客户的购买信心，促成交易。充分的准备不但能展示品牌的实力，同时也能展现销售顾问的专业素养，并且有利于销售顾问建立销售信心，树立正面的形象，提高客户满意度。

任务实施

任务一　销售展厅展车准备

2-1-1　销售展厅展车准备

2-1-2　比亚迪汽车销售准备实操

信息页

学习项目	销售准备	学习时间	90 min
学习任务	销售展厅展车准备	学习地点	理实一体化教室

一、销售展厅准备

销售展厅通常要求按照品牌统一标准来设计和保持展厅环境，保证展厅车辆展示区、客户休息区、商务洽谈区、品牌文化区、装饰精品区的干净整洁，保证各个物品的摆放有序，努力营造一个洁净、温馨、舒适、亲切的展厅整体氛围。表2-1-1中介绍了展厅环境日常的要求，所涉及区域为客户经常出入的环境。

表 2-1-1　展厅环境日常准备内容及要求

准备区域	执行要求
展厅整体	（1）展厅内、外墙面、玻璃墙等保持干净整洁，应定期进行清洁。 （2）相关标识的使用应符合品牌汽车公司有关的要求。 （3）按品牌汽车公司的要求悬挂标准的销售服务店营业时间示意牌。 （4）展厅的地面、墙面、展台、灯具、空调、视听设备等保持干净整洁，墙面无乱贴的广告海报等。 （5）展厅内摆设有斜立展示牌，斜立展示牌上整齐放满与展示车辆相对应的各种车型目录。 （6）展厅内保持适宜、舒适的温度，依照标准保持在 25℃左右。 （7）展厅内的照明要求明亮，令客户感觉舒适。 （8）展厅内需有隐蔽式音响系统，在营业期间播放舒缓、优雅的轻音乐。 （9）展厅内所有布置物应使用品牌汽车公司提供的标准布置物或按品牌汽车公司标准做的布置物
车辆展示区	（1）每辆展车附近的规定位置（位于展车驾驶位的右前方）设有汽车车型说明架，汽车车型说明架上摆有与该展车型一致的汽车说明书。 （2）展车之间相对的空间位置和距离、展示面积等参照品牌要求执行
业务洽谈区	（1）业务洽谈区沙发、茶几等摆放整齐并保持清洁。 （2）业务洽谈区桌面上备有烟灰缸，烟灰缸内若有 3 个以上（含 3 个）烟蒂，应立即清理；每次在客户走后应立即把用过的烟灰缸清理干净。 （3）业务洽谈区设有杂志架，摆设相关车型的宣传资料。 （4）业务洽谈区需摆放绿色植物盆栽，以保持生机盎然的氛围。 （5）业务洽谈区配备有大屏幕彩色视听设备，在营业时间内可播放品牌汽车公司广告宣传片或专题片
客户接待台	（1）客户接待台保持干净整洁，台面上不可放置任何杂物，各种文件、名片、资料等整齐有序地摆放在台面下，不许放置与工作无关的报纸、杂志等杂物。 （2）客户接待台处的电话、电脑等设备保持良好的可使用状态

图 2-1-1　展厅客户休息区

图 2-1-2　展厅前台接待区

二、展车准备及要求

展车是销售顾问工作的重要对象。所展示的车辆不论从整体还是细节，都要给客户带来深刻而良好的印象。销售顾问有责任保证展车随时处于最好状态。

展车展现的不仅是产品本身，而且也体现了品牌经营的实力，销售顾问应确保展车干净、整洁，按厂家要求布置，并熟悉所展示车辆的配置，以便向客户做介绍。展车准备内容及要求如表 2-1-2 所示。

表 2-1-2　展车准备内容及要求

展车外部	展车内部
（1）展车车身经过清洗、打蜡处理，保持清洁，挡风玻璃和车窗玻璃保持明亮。做到无手纹，无水痕。引擎盖打开以后，视线可及的范围内不允许有灰尘。 （2）展车四个轮胎下方放置标准的车轮垫板，位置正确，图标正立。 （3）轮胎经过清洗、上光；各轮胎内侧护板要刷洗干净，无污渍；轮胎导水槽内要保持清洁、无异物。 （4）轮毂中间的 LOGO（车标牌）应与地面呈水平状态。 （5）车前方与后方安装牌照处须配备标准的车铭牌。 （6）除特殊要求外，展车的车门要保持不上锁的状态，可供客户随时进入车内。 （7）展车左右对应车窗玻璃升降的高度保持一致。 （8）车身上不许摆放价格板、车型说明、宣传资料等其他非装饰性物品	（1）前排座椅在前后方向上移至适当的位置（保证普通驾乘者较方便驾驶），并且两座椅靠背向后的倾角保持一致。 （2）车厢内部保持清洁，应去除座椅、遮阳板、转向盘、天窗、门把手等部件上的塑料保护套。 （3）车内后视镜和左右后视镜配合驾驶位相应地调至合适的位置，并擦拭干净，不留手印等污迹。 （4）转向盘摆正并调到最高位置。 （5）将仪表盘上的时钟调校出标准的北京时间。 （6）中央扶手箱、副驾驶位的手套箱、车门内侧杂物箱、前座椅靠背后的物品袋内均不能存放任何杂物。 （7）车内要进行异味处理，可以在车内放置香水或其他装饰物，营造气氛。 （8）车内地板上铺有脚踏垫，并保持干净整齐

图 2-1-3　展车摆放

图 2-1-4　展车内部

工作页

学校名称		任课教师	
班　　级		学生姓名	
学习项目	销售准备	学习时间	
学习任务	销售展厅展车准备	学习地点	理实一体化教室

1. 请完成下列判断题

（1）展厅内、外墙面、玻璃墙等保持干净整洁，应定期进行清洁。（　　）

（2）汽车销售前的准备工作，直接关系到客户对品牌的信任和汽车 4S 店的效益。（　　）

（3）展车之间相对的空间位置和距离、展示面积等参照品牌要求执行。（　　）

（4）销售顾问有责任保证展车随时处于最好状态。（　　）

（5）展车身上不许摆放价格板、车型说明、宣传资料等其他非装饰性物品。（　　）

（6）车内后视镜和左右后视镜配合驾驶位相应地调至合适的位置，并擦拭干净，不留手印等污迹。（　　）

2. 完成下列选择题

（1）展厅内保持适宜、舒适的温度，依照标准保持在（　　）左右。

A. 15℃　　B. 20℃　　C. 25℃　　D. 30℃

（2）业务洽谈区桌面上备有烟灰缸，烟灰缸内若有（　　）个以上烟蒂，应立即清理。

A. 1　　B. 2　　C. 3　　D. 4

（3）下列选项中，属于展厅环境日常准备内容的是（　　）。

A. 展厅整体　　B. 车辆展示区　　C. 业务洽谈区　　D. 客户接待台

任务二　个人准备和资料准备

2-2-1　个人准备和资料准备　　　　2-2-2　销售礼仪展示实操

信息页

学习项目	销售准备	学习时间	90 min
学习任务	个人准备和资料准备	学习地点	理实一体化教室

一、销售顾问个人准备

（一）个人素质准备

个人素质是指汽车销售顾问自身应具备的条件和特点。一般来说，汽车销售顾问所应具备的个人素质主要包括以下几个方面。

1. 良好的语言表达能力

这是胜任销售工作的基本条件。语言艺术是汽车销售人员用来说服客户的主要手段，每一次销售过程都要使用陈述、提问、倾听及行为语言等多种语言技巧。

2. 勤奋好学的精神

对销售实践中所遇到的问题，不仅要设法解决，还要加以分析和总结，不断积累经验，总结出销售工作的一般规律；此外，还应善于学习同行的经验，从中获得有益的启示。

3. 广泛的兴趣

兴趣是人对客观事物的一种特殊的认识倾向。由于汽车销售顾问要接触各种各样的客户，因此一定要培养广泛的兴趣，以便与客户建立联系。

4. 健康的身体

销售工作兼具了体力劳动和脑力劳动，没有健康的身体，汽车销售顾问是不能完成销售工作任务的。

5. 良好的心理素质

这主要表现为自信、自强和情绪的稳定。只有具备这种良好的心理素质的汽车销售顾问，才能抱着坚定的信念，不怕困难挫折，一往无前地去从事销售工作。

（二）服务形象礼仪准备

1. 仪容礼仪

在汽车销售顾问的整体形象设计中，仪容礼仪居于首要位置，最能传达直接的信息，最能反映汽车销售顾问的心理状态和精神面貌。因此，汽车销售顾问良好的仪容不仅是给顾客留下好印象的第一步，也代表着企业形象、产品形象以及服务形象。具体要求请看表 2-2-1。

表 2-2-1　汽车销售顾问的仪容注意事项及要求

模块	男士	女士
着装	穿着标准工作装，熨烫平整、干净得体、无污点，裤线保持笔挺	
头发	梳理整齐、干净无异味、 不留长发、无头皮屑	干净有型，发帘尽量不要遮住眼睛； 留长发的女士将头发扎起
面部	注意避免有污物、口臭、耳垢； 胡须剃干净	注意避免有污物、口臭、耳垢； 工作场合避免佩戴大耳环
手、指甲	手保持清洁，指甲勤修理，不留长指甲；避免佩戴戒指及手镯	
鞋	保持干净，鞋后跟不应有磨损	保持干净，鞋跟高度在 5 cm 以下为宜
袜子	尽量穿深色袜子，避免穿脏、破袜子	尽量穿肤色丝袜，避免穿破袜子， 建议多备一双袜子在包里

2. 仪表礼仪

仪表是指一个人精神面貌的外观体现。一个人的卫生习惯、服饰与端庄大方的仪表有着密切的关系。当你面对汽车服务市场上的交往对象时，具有职业风范的仪表会清楚地表明你对自己的看法及你对对方的看法。塑造正确的职业化仪表，能够帮助汽车销售顾问更快更好地服务于客户。

仪表礼仪的要素：

（1）卫生整洁：清洁卫生是仪表美的关键，是礼仪的基本要求。做到勤洗脸、勤刷牙、勤洗头、勤洗澡、勤梳理、勤更衣。与人谈话时应保持一定距离，声音不要太大，不要口沫四溅。

（2）服饰得体：服装要与自己的具体条件相适应，着装打扮要优先考虑时间、地点和目的三大要素。

3. 仪态礼仪

汽车销售顾问必须在站、坐、走、蹲与谈话等的时候能够合理、简洁、有效地使用仪态礼仪，更好地展现自己良好的素质与教养，拉近与顾客之间的距离，有效地传递信任、友好、尊敬的信息，提高顾客满意度。

（1）站姿：站立是人最基本的姿势，是一种静态造型。正确规范的站姿给人以挺拔笔直、精力充沛、积极进取、充满自信的感觉。

图 2-2-1　站姿展示

（2）坐姿：坐，也是一种静态造型。端庄优美的坐姿，会给人以优雅、稳重、自然大方的美感。符合礼仪的规范坐姿能传达出自信练达、积极热情、尊重他人的信息。

图 2-2-2　坐姿展示

（3）走姿：行走是人生活中的主要动作，是一种动态造型。协调稳健、轻松敏捷的走姿会给人以动态之美，表现出朝气蓬勃、积极向上的精神状态。

（4）蹲姿：蹲姿是在需要降低体位以便捡起掉在地上的物品或进行其他操作时采取的姿势。在工作场合中为避免弯腰捡拾，特别是女士着裙装时，为避免不雅，一般都采用蹲姿。

图 2-2-3　蹲姿展示

二、销售工具准备

在日常销售工作中，汽车销售顾问还应做好销售前的各项辅助工作。其中，最为重要的是销售工具的准备。销售工具准备可使销售说明更直观、简洁和专业；预防介绍时出现遗漏；缩短拜访时间；提高效率。

汽车销售顾问必备的销售工具包括：

（一）基本资料

产品目录、最新价格表、保险费率表、客户登记簿、销售合同等专业销售表。

（二）基本工具

计算器、中性笔、名片夹、地图、笔记用具等。

对销售工具的准备，通常遵循品牌的基本要求。但销售工具不应该是由别人提供的，而应该是汽车销售顾问自己创造的，这样才能体现自身独特的销售魅力

工作页

学校名称		任课教师	
班　　级		学生姓名	
学习项目	销售准备	学习时间	
学习任务	个人准备和资料准备	学习地点	理实一体化教室

1. 请完成下列判断题

（1）在汽车销售顾问的整体形象设计中，仪容礼仪居于首要位置，最能传达直接的信息，最能反映汽车销售顾问的心理状态和精神面貌。（　　）

（2）塑造正确的职业化仪表，能够帮助汽车销售顾问更快更好地服务于客户。（　　）

（3）销售工具准备是一项非常繁琐且毫无意义的工作。（　　）

（4）协调稳健、轻松敏捷的走姿会给人以动态之美，表现出朝气蓬勃、积极向上的精神状态。（　　）

（5）正确规范的站姿给人以挺拔笔直、精力充沛、积极进取、充满自信的感觉。（　　）

2. 完成下列选择题

（1）汽车销售顾问的（　　）能给客户留下良好的第一印象，使客户对销售顾问产生安全感和信任感，增强客户的购买信心，促成交易。

A. 个人能力　　B. 专业程度　　C. 工作经历　　D. 兴趣爱好

（2）下列选项中，不属于汽车销售顾问必备的工具是（　　）。

A. 销售合同　　B. 产品目录　　C. 价格表　　D. 增项单

（3）一般来说，汽车销售顾问所应具备的个人素质主要包括以下几个方面：（　　）。

A. 良好的语言表达能力　　B. 勤奋好学的精神　　C. 广泛的兴趣

D. 健康的身体　　E. 良好的心理素质

（4）汽车销售顾问良好的仪容不仅是给顾客留下好印象的第一步，也代表着企业形象、产品形象以及服务形象。因此，汽车销售顾问在仪容准备时应当注意以下哪些方面：（　　）。

A. 着装　　B. 头发　　C. 面部

D. 手、指甲　　E. 鞋　　F. 袜

（5）下列选项中，属于基本资料准备的是（　　）。

A. 产品目录　　B. 最新价格表　　C. 保险费率表

D. 客户登记簿　　E. 销售合同　　F. 计算器

项目考核

一、展厅检查

场景描述：早上 9 点展厅晨会结束后，销售人员要进行展厅 5S 管理并进行检查，请结合表 2-2-2 对实训教室进行检查评分。

表 2-2-2　展厅 5S 检查表

类别	序号	检查内容	扣分
整理	1	资料柜规划是否得当，资料架与物品标识是否一致，摆放是否整齐	
	2	桌面、桌下或抽屉内的资料物品是否常用且摆放整齐	
	3	通道是否畅通、干净、整洁	
	4	公布栏、看板上的文件是否完整，张贴整齐	
整顿	5	桌面物品是否摆放整齐	
	6	私人物品及一般消耗品是否有固定放置场所	
	7	文件、资料、档案夹是否分类保管、标识清楚	
	8	清洁工具、垃圾桶是否按指定位置摆放，垃圾桶是否清理	
清扫/清洁	9	设备、工具消防器材是否有日常维护	
	10	天花板、墙角、窗户等是否定时清扫	
	11	植物、花盆是否定期清理，保持干净整洁	
	12	地面、通道是否有专人负责清扫	
	13	桌子、椅子表面是否定期清理	
	14	大件不动之物是否定时清理	
素养	15	服装穿着是否整齐干净	
	16	语言是否规范	
	17	日常 5S 活动是否进行，是否积极配合检查工作	
	18	仪容仪表是否整理得体	
	19	是否能遵守公司所有规定及日常行为规范	
	20	是否有时间观念，并按规定时间尽力完成任务	
备注：每一模块为 5 分，总分 100 分。一个模块（按序号）如果存在 2 个或以上的不符合，可以连续扣分，每次扣分最高为 5 分，每个模块扣分最高为 10 分		总扣分	

二、仪容

表 2-2-3　仪容检查表

活动项目	活动 1：男士 / 女士发型打理实操 活动 2：男士 / 女士面容打理实操 活动 3：男士 / 女士手部打理实操
活动目标	熟练掌握仪容仪表的发型、面容打理方法
活动情景	（1）两人一组，练习发型、面容、手部的打理方法； （2）整理完后，相互拍照留念； （3）打乱分组，将学员分为两队，面对面站立，依次相互说出对面学生妆容的优点及不足；教师给予补充并强调妆容整理的要点； （4）教师总结全体学生共同的优点及需改进点，并强调妆容整理的标准
工具材料	活动辅助：梳子、吹风机、弹力素、发蜡、发胶、水壶、发带等物品；女士化妆工具套箱。上述物品每组一套

（1）对着镜子，根据自己的脸型特征对自己的发型进行设计，小组内成员互相点评打分。

（2）根据自己的脸型及五官为自己化一个工作妆，小组内成员互相点评打分。

（3）测试与提高：对镜检查自己并填写表 2-2-4。

表 2-2-4　测试与提高

项目	不足	改进措施
头发		
眼睛		
鼻子		
脸部		
耳朵		
嘴部		
脖子		
手部		
配饰		

三、职业形象

表 2-2-5　职业形象检查表

活动项目	活动 1：商务正装着装打理 活动 2：领带 / 丝巾系法操作演练 活动 3：皮鞋打理方法
活动目标	熟练掌握商务正装标准，领带 / 丝巾系法以及皮鞋打理方法
活动情景	（1）将学员分为两队，面对面站立，依次相互说出对面学生着装的优点及不足； （2）教师给予补充并强调着装整理的要点； （3）学生自行练习领带 / 丝巾的系法；以小组为单位，相互指导、检查； （4）教师巡视并进行指导； （5）学生依据课程要求，对皮鞋进行打理； （6）教师总结全体学生共同的优点及需改进点，并强调着装的标准
工具材料	活动辅助：着正装参加实训课程；领带、丝巾（学生自带）、穿衣镜 4 ~ 6 块

四、形体礼仪

表 2-2-6　形体礼仪检查表

活动项目	练习蹲姿、走姿、坐姿、站姿
活动目标	熟练掌握商务礼仪的仪态标准
任务情景	（1）4 ~ 6 人一个小组，两两组合依次练习各种仪态； （2）练习过程中，教师对每一位同学都要进行详细的指导
工具材料	活动辅助：书本、椅子

巩固拓展

（1）请小组课后完善项目考核相关内容，并进行自我反思和提升。

（2）进行下一次教学任务的课前微课学习安排，通过信息化平台进行课前任务进度管理及课前学习情况分析。

项目三

客户开发

学习目标

1. 知识目标

（1）掌握潜在客户的定义以及寻找潜在客户的原则。

（2）能够运用潜在客户的判断原则准确判断潜在客户。

2. 能力目标

（1）能够说出寻找潜在客户的途径，并能根据不同的情况采用适当的方式寻找潜在客户。

（2）能够对潜在客户进行分级管理，并能制定出潜在客户的开发步骤。

3. 素质目标

（1）能够形成独立思考和认真观察的良好习惯，培养良好的心理素质，增强应对压力、挫折的能力。

（2）能够体现真诚、专业的职业素养，培养爱岗敬业、诚实守信的精神。

思政目标

（1）树立正确的职业动机，深化学生对于职业和职场的认识，增强社会责任感和社交意识。

（2）通过学习，帮助学生树立正确的世界观、人生观、价值观，培养学生具备“诚信经营、服务致胜、公平公正”的职业道德品质，不断提高客户满意度和客户忠诚度。

（3）围绕客户开发，培养学生的沟通能力和服务能力，培养良好的心理素养，增强应对社交挫折的能力。

情境描述

销售顾问小王到某汽车品牌4S店实习已有1个月，但一直以来销售业绩不是很理想。由于该4S店的位置比较偏僻，到店的客户量比较少，眼看又快到月底了，规定的销量还未完成。请你帮小赵想想如何才能使他完成销量任务？

<table>
<tr><td>项目名称</td><td colspan="2">客户开发</td></tr>
<tr><td>小组成员</td><td colspan="2"></td></tr>
<tr><td>负责人</td><td colspan="2"></td></tr>
<tr><td>时间</td><td colspan="2"></td></tr>
<tr><td colspan="3">情境描述：
销售顾问小王到某汽车品牌4S店实习已有1个月，但一直以来销售业绩不是很理想。由于该4S店的位置比较偏僻，到店的客户量比较少，眼看又快到月底了，规定的销量还未完成。请你帮小赵想想如何才能使他完成销量任务？</td></tr>
<tr><td colspan="3">原因分析：</td></tr>
<tr><td colspan="3">处理对策：</td></tr>
<tr><td colspan="2">小组负责人：</td><td>完成时间：</td></tr>
<tr><td colspan="3">教师评价：</td></tr>
</table>

项目分析

本次项目内容是客户开发，将依次学习潜在客户开发概述、潜在客户开发的步骤及潜在客户开发的主要内容。通过课前微课（理论 + 实操）预习、课中理论强化及实操演练、课后拓展练习，达到知识、技能、素养提升。

项目三 客户开发

任务实施

任务一　客户开发概述

3-1-1　客户开发概述理论　　　3-1-2　客户开发原则理论

信息页

学习项目	客户开发	学习时间	30 min
学习任务	客户开发概述	学习地点	理实一体化教室

销售是一种带有主动性的行为，主动的销售，必然要求主动地去寻找潜在客户。如果销售顾问缺乏这种主动性，只希望顾客能自己找上门，或者只希望维持与老顾客的交易关系，满足现状的话，是难以取得好的销售业绩的。

一、潜在客户的定义

潜在客户是指对某类产品（或服务）存在需求且具备购买能力的待开发客户。这类客户与企业存在销售合作机会，经过企业及销售人员的努力可以把潜在客户转变为新客户。把产品和服务销售给谁，谁有可能购买该产品，谁就是潜在客户。潜在客户具备“用得着”和“买得起”这两个基本要素。

二、潜在客户开发的意义与目的

（一）潜在客户开发的意义

潜在客户开发是销售的第一步，在确定了市场区域后就需要找到潜在客户并与其取得联系。如果不知道潜在客户在哪里，该如何销售产品呢？实际上销售就是开发潜在客户，再把潜在客户变为新客户的过程，做好对潜在客户的开发有利于销售顾问提升销售业绩。

（二）潜在客户开发的目的

（1）潜在客户开发的目的是发掘更多的客户资源，并将其转化成更多的意向客户。潜在客户的资料越丰富就越有可能形成更多的意向客户，为提高销售量奠定基础。

（2）潜在客户是一种资源，在同一市场内各汽车品牌对这种资源的占有处于竞争形态，拥有更多的潜在客户就占有了竞争的先机。

三、寻找潜在客户的原则

（一）寻找潜在客户的“MAN”原则

在“MAN”原则中，M代表“金钱”（Money），即所选择的对象必须有一定的购买能力，A代表购买“决定权”（Authority），即该对象对购买行为有决定、建议或反对的权利，N代表需求（Need），即该对象有这方面（产品、服务）的需求。

“MAN”原则的含义见表3-1-1。

表3-1-1 “MAN”原则的含义

购买能力	购买决定权	需求
M（有）	A（有）	N（有）
m（无）	a（无）	n（无）

（二）“MAN”原则的具体对策

在寻找潜在客户的实际操作中，会碰到各种各样的情况，相应的对策详见表3-1-2。

表3-1-2 “MAN”原则的应用

客户信息	相应处理对策
M+A+N	是有望客户，理想的销售对象
M+A+n	可以接触，配上熟练的销售技巧，有成功的希望
M+a+N	可以接触，并设法找到具有决定权的人
m+A+N	可以接触，需调查其业务状况、信用条件等给予融资
m+a+N	可以接触，应长期观察、培养，使之具备另一条件
m+A+n	可以接触，应长期观察、培养，使之具备另一条件
M+a+n	可以接触，应长期观察、培养，使之具备另一条件
m+a+n	非客户，停止接触

由此可见潜在客户在有时欠缺了某一条件（如购买力、需求或购买决定权）的情况下，仍然可以开发，只要应用适当的策略，便可能使其成为公司的新客户。

工作页

学校名称		任课教师	
班　　级		学生姓名	
学习项目	客户开发	学习时间	
学习任务	客户开发概述	学习地点	理实一体化教室

1. 请完成下列判断题

（1）潜在客户具备“用得着”和“买得起”这两个基本要素。（　　）

（2）潜在客户的资料越丰富，就越有可能形成更多的意向客户。（　　）

（3）销售就是开发潜在客户再把潜在客户变为事实客户的过程。（　　）

（4）M+A+N 指可以接触，配上熟练的销售技巧，有成功的希望。（　　）

（5）潜在客户在有时欠缺了某一条件（如购买力、需求或购买决定权）的情况下就不用开发。（　　）

2. 完成下列选择题

（1）在“MAN”原则中 M 代表（　　）。

A. 金钱　B. 购买能力　C. 决定权　D. 需求

（2）可以接触，配上熟练的销售技巧，有成功希望的客户是（　　）。

A. M+A+N　B. M+A+n　C. m+A+n　D. M+a+n

（3）（　　）工作是销售工作的第一步，通常来讲是业务人员通过市场扫街调查初步了解市场和客户情况，对有实力和有意向的客户重点沟通，最终完成目标区域的客户开发计划。

A. 客户资源　B. 客户开发　C. 目标市场　D. 市场规模

（4）潜在客户开发的目的是发掘更多的（　　），并将其转化成更多的意向客户。

A. 客户资源　B. 客户开发　C. 目标市场　D. 市场规模

（5）“MAN”原则的含义（　　）。

A. 购买力　B. 决定权　C. 需求　D. 以上都对

3. 在寻找潜在客户的实际操作中，会碰到各种各样的情况，相应的对策处理是什么？

表 3-1-3　对不同类型潜在客户的相应处理对策

客户信息	相应处理对策
M+A+N	
M+A+n	
M+a+N	
m+A+N	
m+a+N	
m+A+n	
M+a+n	
m+a+n	

任务二　潜在客户开发的步骤

3-2-1　潜在客户开发步骤理论　　3-2-2　潜在客户开发方法理论

信息页

学习项目	客户开发	学习时间	30 min
学习任务	潜在客户开发的步骤	学习地点	理实一体化教室

一、了解潜在客户

销售顾问要从各种渠道了解潜在客户并进行主动联络。潜在客户的来源渠道非常广泛，主要包括经销商分配的潜在客户、来电的潜在客户、市场活动收集的潜在客户、销售顾问掌握的潜在客户及其他渠道获取的潜在客户等。销售顾问还可以通过网络开发意向客户、由售后转为介绍意向客户、二手车市场挖掘及主动发展人脉等方式获取潜在客户。

二、建立潜在关系

（一）潜在客户联络

主动联络并邀约客户是达成客户邀约的重要环节，对于有购买意向的潜在客户，销售顾问应在接到客户系统分配资料的 24 小时内进行第一次跟进。在开始打电话之前，汽车销售顾问应做好必要的准备工作。

在通话过程中要将重要信息记录下来，具体准备工作如下：

（1）一定要用礼貌规范的称谓称呼潜在客户的姓名，恰当的称呼会让客户感到亲切。话术示范：“您好，请问是 × 先生吗？”或“您好，请问是 × 经理吗？”

（2）邀约潜在客户的理由：销售顾问应为客户提供信息、邀请其到店参加活动等，从关心客户的角度出发体现汽车经销商和汽车销售顾问规范、专业、人性化的服务。

（3）邀约潜在客户的技巧：销售顾问应以客户为中心，为客户着想，认真将要表达的内容组织好，尽可能准确、简短地表达清楚，以节约客户的时间。

（4）只有全面了解潜在客户可能会提出的问题才能更专业、更准确地回答出客户提出的问题，以体现汽车经销商规范的管理和汽车销售顾问良好的职业素质，进而赢得客户的好感和信任。

（5）应对客户拒绝的技巧：电话邀约客户时遭到客户的拒绝是很正常的事情，从某种程度上说，销售始于“拒绝”，销售顾问要正确对待客户的拒绝，对客户保持关注。

（二）拨打电话

明确按照流程邀约客户，即确认对方个人信息、自报经销商及自己的姓名与服务、告知致电原因、寒暄问候、礼貌告别、待客户挂断电话后轻放电话。

（三）销售顾问掌握的潜在客户联络

销售顾问不仅要完成公司分配的邀约任务，还应积极拓展自己的潜在客户渠道。例如逐户访问、广告寻找、连锁介绍、查询资料、经人介绍等方法，各种方式都有其利弊，在运用时要注意针对不同的人群选择合适的方式才能有效地达到目的。

三、客户信息沟通

销售顾问接听电话时要聚精会神、仔细倾听客户的询问，理解客户所表达的意思。在通话过程中要不时说“是”“对”以反馈客户，要与客户形成积极的双向交流提示，通话时要耐心、热情、准确、专业。

四、邀约到店

在与客户沟通的过程中应主动介绍公司当期的市场活动信息，吸引客户前来展厅。邀约潜在客户随时来访汽车4S店，如有可能应与客户预约好到店时间。

话述示范：“×先生/女士，您好！我是××S店的汽车销售顾问小王。本周末我公司即将开展‘××’店内促销活动，特邀请您和您的家人来参加，希望为您呈上开心购车礼。除了部分车价有特别优惠之外，还准备了多重礼品。这是××车型最好的购买时机，现场惊喜连连，周末期待您的光临！”

工作页

学校名称		任课教师	
班　　级		学生姓名	
学习项目	客户开发	学习时间	
学习任务	潜在客户开发的步骤	学习地点	理实一体化教室

1. 完成下列判断题

（1）主动联络并邀约客户是达成客户邀约的重要环节。（　　）

（2）销售顾问要完成公司分配的邀约任务，不用积极拓展自己的潜在客户渠道。（　　）

（3）一般情况下不同的产品特性针对不同的客户群。（　　）

（4）销售顾问要从各种渠道了解潜在客户并进行主动联络，潜在客户的来源渠道非常广泛。主要包括经销商分配的潜在客户、来电的潜在客户、市场活动收集的潜在客户、销售顾问掌握的潜在客户及其他渠道获取的潜在客户等。（　　）

2. 完成下列选择题

（1）销售顾问应在接到客户系统分配资料的（　　）内进行第一次跟进。

A. 24小时　　B. 12小时　　C. 8小时　　D. 36小时

（2）销售顾问往往可通过（　　）换购增购信息、朋友及客户推荐等渠道得到潜在客户。

A. 来电客户　　B. 外拓客户　　C. 推荐介绍客户　　D. 以上都对

（3）新人培训后，赵×非常勤奋，每天都在想办法与客户取得联系，以下他的做法错误的是（　　）。

A. 整合自己的老客户，将老客户进行分级

B. 把自己的客户联系方式与同业共享，换取同业的信息

C. 主动认识经纪人，请经纪人帮助引荐

D. 遇到节日，给老客户发节日微信，拉近关系

（4）寻找潜在客户的方式有多种，例如（　　）、名人介绍等方法。

A. 逐户访问　　B. 广告寻找　　C. 连锁介绍　　D. 查询资料

3. 完成表 3-2-1 所列 3 种车型的产品定位和客户群特征

表 3-2-1　三种车型的产品定位和客户群特征

车型	产品定位	客户定位
比亚迪汉 EV		
特斯拉 Model 3		
小鹏 P7		

4. 根据表 3-2-1 的汽车品牌产品定位和客户定位，请在表 3-2-2 写出寻找潜在客户的实施方案及相应的改进意见

表 3-2-2　潜在客户的实施方案及相应的改进意见

情景	实施方案	邀约方式及相应话术
情景 1：在认识的人中寻找潜在客户		
情景 2：在车展中寻找潜在客户		
情景 3：从周围的陌生人中寻找潜在客户		
情景 4：借助基盘客户的潜在客户资料		

任务三　潜在客户开发的主要内容

3-3-1　潜在客户级别估计

3-3-2　比亚迪展厅客流登记表

信息页

学习项目	客户开发	学习时间	30 min
学习任务	潜在客户开发的主要内容	学习地点	理实一体化教室

一、了解产品定位

在寻找潜在客户之前销售顾问应先了解产品及产品定位、产品面向的客户群特征才能有效地找到潜在客户，减少客户开发的盲目性。

如国产小排量经济型轿车（车价在 6 万元以下）主要面对中低端市场，客户群体应该是收入不高、年龄不大的年轻人或者是普通收入、精打细算的家庭；中端实用型家庭轿车（车价在 6 ~ 18 万元）主要面向中端市场，客户群体大多是收入较高、生活负担不重的年轻白领或比较富裕的家庭；而高端、大排量豪华运动型商务车（车价在 18 万元以上）面向高端市场客户群体，客户基本上是中高级商务人士、成功人士或有较高权利地位的人群。

二、寻找潜在客户

客户是销售经营活动得以维持的根本保证，在这个“客户经济时代”，客户资源成为企业最重要的资源之一。因此潜在客户开发是销售成功的开始。寻找潜在客户的方式有很多种，例如，逐户访问、广告寻找、连锁介绍、查询资料、名人介绍等方法，各种方法都有其利弊。在运用时要注意针对不同的人群，选择合适的方法，才能有效地达到目的。

三、潜在客户评估定级

根据客户的购买时间和购买意向建立客户信息，将客户进行分级管理，以便确定后续的跟踪周期及频率。潜在客户级别的判定依据主要是客户首次留下可联系信息到下订单的时间段、跟踪回访日期到下订单的时间段和在客户接待中对于需求（5W2H）的深层次分析，按客户购买时间分级见表 3-3-1。

表 3-3-1　客户分级标准表

级别	判别基准	购买周期	跟踪频率
O 级（订单）	（1）购买合同已签； （2）全款已付但未提车； （3）已收定金	预收定金	至少每周一次
H 级	（1）车型车色已选定； （2）已提供付款方式及交车日期； （3）分期手续进行中	7 日内成交	每周一至二次
A 级	（1）已谈判购车条件； （2）购车时间已确定； （3）选定下次商谈日期； （4）再度来看展示车	7 日以上至 1 个月内成交	每周一次
B 级	（1）正在决定拟购车种； （2）对选择车种犹豫不决； （3）经判定有购车条件	1 个月以上至 3 个月内成交	每两周一次
C 级	购车时间模糊		每月一次

注：不同品牌分级方式不同，代码也会有所不同，以上客户分级仅供参考。

四、客户跟踪

销售顾问需要有系统、有重点、有次序地追踪客户，适时给客户提供帮助，在合适的时机接触客户，这样才能提高工作效率和最终成交率，需要特别提醒的是，不要遗忘对重要客户的追踪。

（1）已成交客户主要跟踪车款作业、领牌作业、保险作业、配件工作和交车作业。

（2）H、A、B级潜在客户主要强调产品信心、购买抗拒处理、疑问的解答、促进成交购车流程说明、购车需求分析。

（3）VIP、保有客户、未成交客户主要提供产品、活动咨询、宣传售后服务。

（4）C级潜在客户则需帮助其树立品牌信心，销售顾问需进行自我介绍并介绍本品牌汽车及产品卖点，同时搜集整理客户资料，对有望购车者商定下次来访时间。

工作页

学校名称		任课教师	
班　级		学生姓名	
学习项目	客户开发	学习时间	
学习任务	潜在客户开发的主要内容	学习地点	理实一体化教室

1. 完成下列判断题

（1）在寻找潜在客户之前销售顾问不用了解产品及产品定位。（　　）

（2）高端、大排量豪华运动型商务车（车价在18万元以上中高档车型）面向高端市场客户群体，客户基本上是中高级商务人士、成功人士或有较高权利地位的人群。（　　）

（3）销售顾问需要有系统、有重点、有次序地追踪客户，不用适时给客户提供帮助。（　　）

（4）根据客户的购买时间和购买意向建立客户信息，将客户进行分级管理，以便确定后续的跟踪周期及频率。潜在客户级别的判定依据主要是客户首次留下可联系信息到下订单的时间段。（　　）

2. 完成下列选择题

（1）O级（订单）客户的跟踪频率每周至少（　　）。

A. 1次　　B. 2次　　C. 3次　　D. 4次

（2）B级客户是指（　　）的客户。

A. 正在决定拟购车种　　B. 对选择车种犹豫不决

C. 经判定有购车条件　　D. 购车时间模糊

（3）“已谈判购车条件，购车时间已确定，选定下次商谈日期，再度来看展示车”属于客户分级表中的（　　）级别。

A. H级　　B. A级　　C. B级　　D. C级

（4）已成交客户主要跟踪（　　）和交车作业。

A. 车款作业　　B. 领牌作业　　C. 保险作业　　D. 配件工作

3. 根据以下情景对客户进行分级，完成表 3-3-2 的填写

情景 1：张女士到店后对产品非常感兴趣，于是进行了试乘试驾，并详细了解了价格，但需要和爱人商量之后再作决定。

情景 2：李先生第一次到店，对产品不是很了解，表示是看了公司的活动宣传后进店看看，如果合适就会订车。

情景 3：吴先生是名医务工作者，工作已有两年，现在打算买辆代步车。他第一次到店，对产品已有简单了解。

表 3-3-2　客户分级及跟踪措施

情　景	客户分级	跟踪频率	客户跟踪方案
情景 1			
情景 2			
情景 3			

项目考核

一、潜在客户开发

情景：某公司要采购一批新车，销售顾问张某得知该公司的老总正是老客户李先生的朋友，张某想通过李先生获得客户信息。

（1）学生分成4个小组，每个小组为一个销售团队，由组长带领组员进行任务分析、角色安排、话术准备、情景练习，保证每个同学都有工作安排且每个同学都要担任一次客户角色和销售顾问角色。

（3）小组学生对老客户李先生进行分析和预设后，小组成员一起综合运用潜在客户开发方法和技巧编写客户开发情景脚本。

（4）在演练中进行考核，每结束一位学生的演练，组长需要组织组员进行讨论互评，教师负责时间控制、进度管理、结果复核。

二、任务实施脚本

表3-3-3　客户开发情景任务实施表

<table>
<tr><td>任务内容</td><td colspan="4">某公司要采购一批新车，销售顾问张某得知该公司的老总正是老客户李先生的朋友，张某想通过李先生获得客户信息</td></tr>
<tr><td>客户画像</td><td colspan="4"></td></tr>
<tr><td>时间</td><td>位置</td><td>人物</td><td>话术及动作</td><td>注意事项</td></tr>
<tr><td rowspan="2"></td><td></td><td>客户</td><td></td><td></td></tr>
<tr><td></td><td>销售顾问</td><td></td><td></td></tr>
<tr><td rowspan="2"></td><td></td><td>客户</td><td></td><td></td></tr>
<tr><td></td><td>销售顾问</td><td></td><td></td></tr>
<tr><td rowspan="2"></td><td></td><td>客户</td><td></td><td></td></tr>
<tr><td></td><td>销售顾问</td><td></td><td></td></tr>
<tr><td rowspan="2"></td><td></td><td>客户</td><td></td><td></td></tr>
<tr><td></td><td>销售顾问</td><td></td><td></td></tr>
<tr><td rowspan="2"></td><td></td><td>客户</td><td></td><td></td></tr>
<tr><td></td><td>销售顾问</td><td></td><td></td></tr>
<tr><td rowspan="2"></td><td></td><td>客户</td><td></td><td></td></tr>
<tr><td></td><td>销售顾问</td><td></td><td></td></tr>
<tr><td rowspan="2"></td><td></td><td>客户</td><td></td><td></td></tr>
<tr><td></td><td>销售顾问</td><td></td><td></td></tr>
<tr><td rowspan="2"></td><td></td><td>客户</td><td></td><td></td></tr>
<tr><td></td><td>销售顾问</td><td></td><td></td></tr>
</table>

三、任务评价表

表 3-3-4　潜在客户开发考核表

姓 名						
评价要素	评价内容	分值	得分		要素分值	得分
			自评	互评		
职业素养	着统一的商务装，符合形象礼仪	5			25	
	有主动进行沟通的意识和动作	5				
	交流始终面带微笑，神情专注亲和	5				
	语言表达符合销售礼仪要求	5				
	能执行展厅展车管理要求	5				
产品	了解对产品的定位，并能进行解说	5			45	
	熟悉产品知识	5				
	熟悉本产品与竞品之间的差别	5				
	针对情景方案设计的可行性	5				
	沟通过程中的应变能力	5				
	整理客户信息	5				
	对客户分级标注	5				
	跟踪时间标注	5				
	沟通礼仪	5				
功能展示	了解对产品的定位	5			30	
	任务完成综合情况	5				
	关注客户意向并及时响应	5				
	展示辅助介绍资料	5				
	邀请客户参与话术体验	5				
	能积极参与团队合作	5				
评价权重（%）			40	60	100	
评价各主体分数小结						

巩固拓展

（1）请小组课后完善统计并分析任务实施中潜在客户开发考核表的相关数据，并根据评价表进行自我反思和提升。

（2）进行下一次教学任务的课前微课学习安排，通过信息化平台进行课前任务进度管理及课前学习情况分析。

（3）新任务迁移：如何寻找客户？拓展新客户的方法有哪些？

学生小组合作制订任务计划安排，分配组员收集、讨论寻找目标客户的方法和渠道，制作成表格资料上交教师检查。

项目四

客户接待

学习目标

1. 知识目标

（1）掌握客户接待的流程步骤。

（2）掌握客户接待各阶段的标准行为和要点。

2. 能力目标

（1）能够根据客户的来电、展厅客户接待需求进行客户接待。

（2）能够熟练运用接待技巧进行客户接待。

3. 素质目标

（1）培养主动学习的意识，养成自主探究的学习习惯。

（2）树立爱岗敬业精神，培养热情服务的意识。

思政目标

（1）用礼仪涵养爱国主义情怀，把时政要闻融入家国情怀思政元素。礼仪是宣示价值观、教化人民的有效方式，形式多样的纪念庆典活动，能够传播主流价值，增强学生的认同感和归属感，激发学生的爱国热情和民族自豪感，引导学生树立政治立场坚定的世界观。

（2）以购豪车的相关案例为引，培养学生不要以貌取人，树立正确的价值观，让学生体会到对待客户要具备平等尊重的职业素养。

（3）借助职场提升法则——蘑菇定律，揭示任何人在成长过程中，都注定会经历不同的苦难、荆棘。只有能忍受生活的平庸，战胜苦难、荆棘的人，才能突出重围，拥抱卓越。让学生体会作为职业新人要具备吃苦耐劳的职业素养。

情境描述

客户张先生与张太太通过朋友介绍来到比亚迪销售展厅看车。如果您是销售顾问，您会如何进行客户接待？同时，在客户接待中，如何给客户营造愉快轻松的环境，让客户在展厅里停留更长的时间，让销售顾问有更多时间了解需求，并为其提供解决方案？

<table>
<tr><td>项目名称</td><td colspan="2">客户接待</td></tr>
<tr><td>小组成员</td><td colspan="2"></td></tr>
<tr><td>负责人</td><td colspan="2"></td></tr>
<tr><td>时　间</td><td colspan="2"></td></tr>
<tr><td colspan="3">情境描述：
客户张先生与张太太通过朋友介绍来到比亚迪销售展厅看车。如果您是销售顾问，您会如何进行客户接待？同时，在客户接待中，如何给客户营造愉快轻松的环境，让客户在展厅里停留更长的时间，让销售顾问有更多时间了解需求，并为其提供解决方案？</td></tr>
<tr><td colspan="3">安排角色扮演及材料收集情况记录：</td></tr>
<tr><td colspan="3">安排完成情况记录：</td></tr>
<tr><td colspan="2">小组负责人：</td><td>完成时间：</td></tr>
<tr><td colspan="3">教师评价：</td></tr>
</table>

项目分析

本次项目内容是汽车客户接待。客户接待是实现销售的重要环节，汽车销售顾问对客户的接待应专注在建立关系、缩短人与人之间的距离上，通过热情的迎接、温馨的接待消除客户的戒备心理，建立互信的关系，引发客户对产品、对网点的兴趣，为继续商谈奠定良好的基础。根据接待的途径和目的不同，客户接待可以分为来电客户接待和展厅客户接待两种。采用理实一体化进行教学，通过课前微课（理论 + 实操）预习、课中理论强化及实操演练、课后拓展练习，达到知识、技能、素养提升。

任务实施

任务一　来电客户接待

4-1-1　来电客户接待理论

4-1-2　来电客户接待实操

信息页

学习项目	客户接待	学习时间	30 min
学习任务	来电客户接待	学习地点	理实一体化教室

一、来电客户接待流程

图 4-1-1　客户来电接待流程

二、接听电话流程标准行为及执行要点

表 4-1-1　接听电话流程标准行为及执行要点

环节	做什么	如何做
接听电话	（1）在电话铃响三声之内接听电话，感谢客户来电，并清楚说明专营店名称和自己的姓名	接电话时先说：“× 品牌销售顾问 ××××（自己的名字）很高兴为您服务。”回答客户前先问：“先生 / 女士贵姓（怎么称呼）？”必要时重复以示尊敬并确认，以后的通话皆使用尊称
	（2）询问客户怎样才能给他提供帮助	让客户充分表达需求，并询问是否有其他的问题
	（3）若电话是找人，应妥当地为其转接电话或找到要找的人	告知客户电话将被转接，并向被转者说明客户需求，以节省客户时间，使客户不必重复所说的话。如被访者占线，询问客户是否愿意等 15 秒。被访者不在或正忙时，可请客户留下电话、姓名，待有空回拨过去。不要让客户等待超过 15 秒。被访者在附近必须要用手遮住话筒，再请被访者接听电话。等对方先挂断电话
	（4）及时明确地回复客户提出的关于产品的问题	回答问题要准确，切忌含糊：首问负责。联系后要立即填写表卡。避免在电话中谈价

续表

环节	做什么	如何做
	（5）主动邀请客户来展厅看车或试乘试驾，介绍当期举行的店面活动	留下客户信息。务必邀请每一位来电话客户到展厅试驾。视情况可以送车上门试驾
	（6）将客户资料立即记录到来电/店客户登记表	记录准确（尤其是数字）、及时录入来店/来电客户登记表

三、来电客户接待注意事项

图 4-1-2　客户来电接待前台

（1）接听电话时应该热情友好地问候客户。

（2）左手持听筒、右手写字或操作计算机，与客户进行电话沟通的过程中做必要的记录，了解客户的需求。

（3）电话铃声响过 3 声之内接起电话。

（4）注意声音和表情，说话必须清晰，正对话筒，发音准确。通话时，用正常的声音和热情、友好的语气，使用“谢谢您”“请问有什么可以帮忙的吗”“不用谢”等礼貌用语解答客户的问题，邀请客户来店。

（5）最后道谢，留下客户的联系方式。

（6）让客户先收线。

（7）当正在通话，又碰上客人来访时，原则上应先招待来访客人，此时应尽快与通话方致歉，得到许可后挂断电话。当电话内容很重要而不能马上挂断时，应告知来访的客人稍等，然后继续通话。

四、电话接待考核标准

在汽车经销商展厅工作中，品牌会对销售顾问进行来电客户接待能力考核，只有通过品牌考核才能进行汽车销售工作。表 4-1-2 是比亚迪汽车经销商 WES 标准细则——神秘客检查（电话接待）标准。

表 4-1-2 比亚迪电话接待考核标准

评价项目	分值	评价标准
接听	10	电话铃声的三声内（彩铃 10 秒内）立即有人接听；如果超过三声没有接电话，需要表示歉意，如“对不起，让您久等了”
自我介绍和询问客户尊姓	10	接线员应主动、礼貌地自我介绍并询问客户称呼。参考话术：“您好，欢迎致电比亚迪 ××× 店，我是客户经理 ×××，很高兴接听您的来电，请问您怎么称呼？”
询问来电目的	10	接线员应主动、礼貌询问客户来店目的。参考话术：“× 先生 / 女士，请问有什么可以帮到您？”
回答客户提问	10	接线员应耐心为客户解答疑问：车型配置参数相关问题可以在电话中进行回答。如遇到疑难问题，应引导客户到店当面解答。如果客户咨询车的价格，应电话告知客户官方指导价，并约客户到店详谈
需求分析	10	接线员应主动：①咨询客户关注车型，确认客户前期是否到店看过实车。②通过引导确认客户购车的需求点不少于两个，比如（颜色、手动挡 / 自动挡、配置、动力、续航等）
现车情况，约到店	10	若客户询问店内是否有现车：① 有现车：“我们店里刚好有您关注的这款车型，您看您明天或者周末有空吗？可以来店里实际试驾体验，我也可以为您详细介绍一下。”② 没有现车：“您真有眼光！您关注的颜色是热销款，我们目前还没有现车，需要提前订货。不过没关系，我们有相同型号的车型，您可以先过来试驾体验一下，您看您是明天还是周末有空？”
来店路线	10	接线员应主动根据客户到店方式，告知客户地铁、公交或开车导航位置的信息
加客户微信	10	接线员应主动征询添加客户微信。参考话术：“要不我加一下您的微信？我把车型介绍资料和导航定位给您发过去，您方便告诉我您的微信号吗？”
客户道别	10	接线员应在客户先挂断电话后再结束通话；接线员在结束通话时应礼貌地与客户道别。参考话术：“祝您生活愉快！再见。”
感谢信息发送	10	① 与客户电话沟通后半个小时内发送致谢信息（短信、微信等方式均可）；② 所发信息中必须体现自己的姓名、电话号、微信号、店名、车店地址以及导航位置等信息。姓名和店名可用简称）。信息举例：×× 先生，您好！我是比亚迪品牌客户经理 ×××，感谢您来电咨询，欢迎您来店亲临体验！祝您及家人身体健康，事事如意！【比亚迪，向新而行】××× 电话：1888888×××× 微信号：byd×××，地址：×× 市 ×× 街道 ×× 号，地铁和公交的路线信息（同步发送导航位置信息）

工作页

学校名称		任课教师	
班　　级		学生姓名	
学习项目	客户接待	学习时间	
学习任务	来电客户接待	学习地点	理实一体化教室

1. 请完成下列判断题

（1）电话是找人，应妥当地为其转接电话或找到要找的人。（　　）

（2）右手持听筒、左手写字或操作计算机，与客户进行电话沟通的过程中做必要的记录，了解客户的需求。（　　）

（3）主动邀请客户来展厅看车或试乘试驾，介绍当期举行的店面活动。（　　）

（4）注意声音和表情，说话必须清晰，正对着话筒，发音准确。（　　）

（5）当正在通话，又碰上客人来访时，应先招待来访客人，挂断电话。（　　）

2. 完成下列选择题

（1）当你打给客户时，在礼貌的开场通话初始，你应该如何做？（　　）

A. 向通话对方说明自己的身份　　B. 询问对方需要什么帮助

C. 称呼客户的名字要发音正确　　D. 以上皆是

（2）客户来电，要找的同事正巧外出，此时你应该如何正确应对？（　　）

A. 询问客户的需要　　B. 记下回电

C. 给同事留下记录　　D. 以上皆是

（3）在汽车销售 4S 店接听电话时，正确的语言表达方式是（　　）。

A. 只使用普通话　　B. 使用自己的方言

C. 使用普通话或与来电同样的方言　　D. 使用当地的方言

（4）电话铃响几声内应有人接听？（　　）

A. 一声　　B. 二声　　C. 三声　　D. 四声

（5）来电客户接待流程是（　　）。

A. 接听 — 问候 — 询问解答 — 邀约 — 信息确认 — 感谢挂机 — 跟进

B. 接听 — 问候 — 邀约 — 信息确认 — 感谢挂机 — 跟进

C. 接听 — 问候 — 询问解答 — 邀约 — 感谢挂机 — 跟进

D. 接听 — 问候 — 询问解答 — 感谢挂机 — 跟进

3. 选择一个汽车品牌的新能源车型，针对不同情境和关键点分别写出此车型来电客户接待的话术

表 4-1-3　对应不同情景的话术

情景	关键点	电话接待话术
情景 1： 客户很喜欢某款车，希望在价格方面能有优惠	（1）优惠满意； （2）成功邀约到展厅； （3）服务态度满意	
情景 2： 客户抱怨没有现车，希望能提前提车	（1）协调成功； （2）成功邀约到展厅； （3）服务态度满意	
情景 3： 客户对比某 4S 店的车，认为价格太贵	（1）优惠满意； （2）成功邀约到展厅； （3）服务态度满意	
情景 4： 客户表示需要先了解优惠政策再考虑是否来展厅看车	（1）优惠满意； （2）成功邀约到展厅； （3）服务态度满意	
情景 5： 客户认为展厅离家太远，表示不愿意来展厅看车	（1）提出解决方案； （2）成功邀约到展厅； （3）服务态度满意	
情景 6： 客户想要现车，但公司没有现车	（1）成功推荐客户换车型； （2）调车成功； （3）成功说服客户延期提车； （4）服务态度满意	

任务二　展厅客户接待

4-2-1　展厅客户接待理论

4-2-2　展厅客户接待实操

信息页

学习项目	客户接待	学习时间	30 min
学习任务	展厅客户接待	学习地点	理实一体化教室

一、展厅客户接待流程

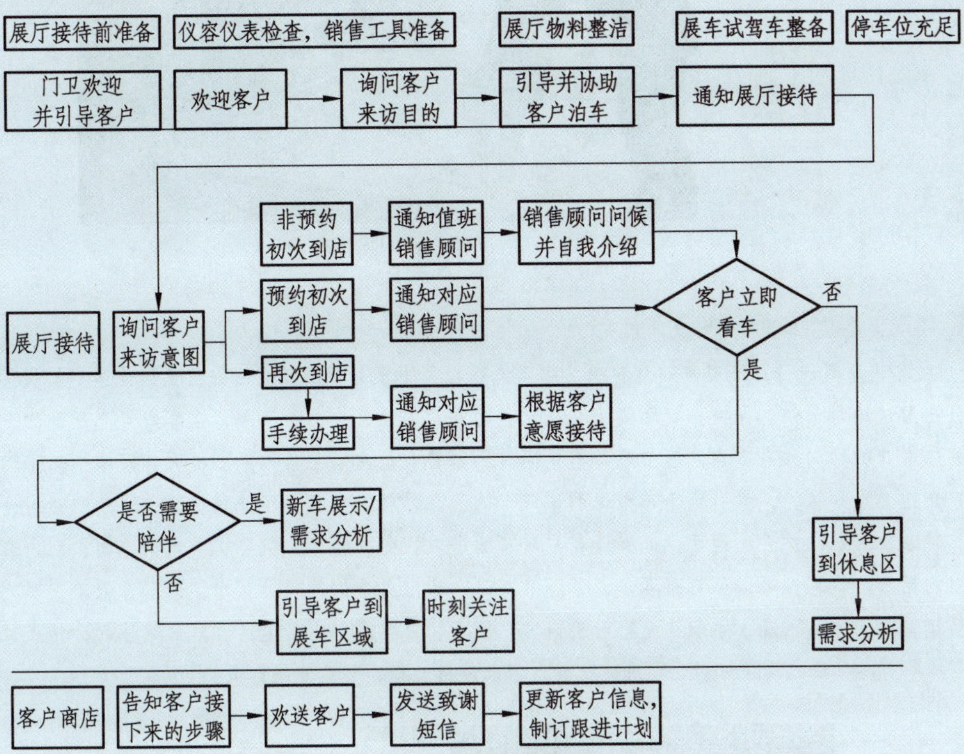

图 4-2-1　展厅接待流程

（一）客户进入展厅时

第一顺位和第二顺位值班人员在展厅门口值班，观察到达客户。客户进店（不限于购车客户，指所有进店客户，售后、销售及兄弟公司领导）时，主动说“您好，欢迎光临”问好并热情迎接。询问客户的来访目的，如办理其他业务，按客户需求指引，找指定人员、部门。看车客户则执行以下程序：

（1）及时递上名片，简短自我介绍并请教客户尊姓。

（2）与客户同行人员一一打招呼。

（3）引导带领客户到需求车型处看车。

（4）第一顺位值班人员离开接待台时，第二顺位值班人员接替第一顺位值班，同时通知第三顺位人员到接待台。

图 4-2-2　展厅销售顾问接待客户

（二）客户自行看车

按客户意愿进行，请客户随意参观，明确说明自己的服务意愿和候叫的位置，让客户知道销售人员在旁边随时恭候。保持一定距离（在视觉和听觉都关注客户的距离），在客户目光所及的范围内关注客户的动向和兴趣点。客户表示有疑问时，销售人员主动上前询问。扩大答疑范围，主动向客户介绍卖点和特性，旁引竞争车型说明该汽车的优点，转入产品介绍流程。客户愿意交谈时，先从礼貌寒暄开始，扩大说话面，如谈谈客户对车的需求方向，给客户机会引导对话方向，回应客户提出的话题，认真倾听，不打断客户谈话。第一时间奉上免费的饮料、茶水，请客户入座，客户入座后销售顾问方可入座，争取在适当时机请客户留下客户信息，主动邀请客户试乘试驾，转入试乘试驾流程标准，进入需求分析，促进成交转入需求分析流程、签单流程标准。

图 4-2-3　展厅客户自行看车

（三）客户离开时

放下手中其他事务，送客户到展厅门外，再次递上名片，如雨天为客户打伞。感谢客户光临，并诚恳邀请其再次惠顾。目送客户离开，直至客户走出视线范围。目送客户时，销售顾问站立在客户车辆后视镜范围内，让客户体验到您在目送他（她）。回到展厅门口登记来店客户信息，检查车辆复位情况，将车门、发动机罩关好，座椅调整至最佳位置，取出试听CD碟及车钥匙放回接待台处。清理客户洽谈区的卫生，保持展厅整洁、干净。将客户信息记录在客户登记本上，全部建卡并及时跟踪，做到客户信息记录完全，例如客户的年龄、性别、电话、单位、偏好车型、长相特征、喜好及所谈重点等，以便分析该客户的类型等级，做出正确评估。

（四）做好客户记录

来店（电）客户登记表、意向客户管理卡、保有客户管理卡（个人、公司）作为科学的客户关系管理工具，能提升客户满意度，提高客户转介绍率。

二、客户接待技巧

（一）客户来电接待技巧

（1）电话铃响三声内接起，如果超过三声铃响才接电话，必须先说“对不起，让您久等了”。接听电话首先应该说：“您好！”然后报出公司名称，再询问对方来电原因。

（2）接听电话时必须保持足够的耐心、热情，注意控制语气、语态、语速、语调。语言亲切简练、礼貌和气，要具有自己代表公司的强烈意识。

（3）销售电话的接听应由被动接听转为主动介绍、主动询问。在接听电话时，要专心致志地听对方讲话，认真理解客户的意图，并对客户的谈话做必要的重复和附和，积极反馈，同时谨慎说话，尽量设法获取想要的信息，并引导客户前来参观和面谈，以达到促进销售的目的。

（4）要及时记录客户信息。在接听电话时，应准备好纸和笔，随时对一些重要的信息进行记录，对一些关键的问题，要加以复述核准，以免搞错。

（5）在挂断电话后，要及时填写来电登记表，详细记录客户信息，为公司的销售分析及日后的客户跟踪做准备。

（二）展厅客户接待的技巧

掌握展厅接待过程中的一些技巧，可以更快地建立轻松愉悦的看车氛围，提高接待环节的成功率和客户满意度，为接下来的需求分析环节打下良好的基础。

1. 接待客户的技巧

从进入展厅的第一刻起，客户就会对品牌和网点本身产生一个认识。因此着装规范、易于辨认、主动迎接客户就显得很重要。也就是说，在展厅接待中能够主动相迎是整个销售过程的良好开端，同时也是体现汽车销售企业服务水准的重要环节。展厅门口应设接待员迎接，客户进入展厅时，展厅接待和值班销售顾问应起立并主动招呼客户：“您好，欢迎光临！”展厅接待在接待时，应询问客户的来店目的，询问客户是否预约，如有预约询问预约的销售顾问姓名，并主动帮客户接洽预约的销售顾问。如果客户有特殊要求（如找人或去洗手间），展厅接待应亲自引领客户。展厅接待把客户介绍给销售顾问，向销售顾问概述客户的意图，由值班销售顾问开始接待客户。展厅接待按照排班制度通知下一位销售顾问等待客户。展厅接待登记来访客流量登记表，下班离岗前填写展厅客流量统计分析表。销售顾问将客户引至客户休息桌、业务洽谈区或车旁。销售顾问应主动介绍自己，并首先递上名片，礼貌地请教客户的称谓。销售顾问应始终保持真诚的微笑，以充满活力且亲切的语气与客户交谈。

2. 接近客户的技巧

（1）开场白：成功接近客户后，不要立刻进入主题，可迅速而适当地回答客户的询问，或面带微笑，用一般性的话题消除彼此的隔阂。在客户进入展厅或在洽谈区入座之后，销售顾问不用着急进入主题，迫不及待地向客户介绍汽车的相关情况，而应该先接近客户，进而了解客户的需求。寒暄在销售过程中十分重要。凡是能引起客户兴趣的都适于做寒暄的话题。为了进一步拉近与客户的距离，赞美无疑是一种最有效的方法。客户购车时当然也希望听到来自汽车销售顾问的赞美，只要是由衷的赞美，就会让客户感到愉快。

图 4-2-4　展厅的客户休息区

（2）执行要点：问候客户与在场者，递出名片并进行自我介绍，弄清在场者关系，安排适当座位，找出轻松话题，诚恳、轻松交谈。

三、接待考核标准

在汽车经销商展厅工作中，品牌对于销售顾问会进行展厅客户接待能力考核，只有通过品牌考核才能进行汽车销售工作。表 4-2-1 是比亚迪汽车经销商 WES 标准细则——神秘客检查（展厅接待）标准。

表 4-2-1　比亚迪展厅接待考核标准

评价项目	分值	评价内容	执行要求
到店迎接	5	第一时间发现客户到店并出门迎接客户，致欢迎词	（1）展厅入口处（迎宾台）有人值班（销售/接待人员）； （2）客户进店前应走出展厅门口迎接； （3）向客户致欢迎词并引导客户进店（如帮客户开门）； （4）在店客户数过多（除迎宾人员外无空闲销售）、不能及时安排销售接待时，邀请客户就座并向客户提供饮品，说明原因表示歉意，有空余销售及时安排接待

续表

评价项目	分值	评价内容	执行要求
自我介绍	5	销售与客户会面需于3分钟内进行自我介绍并递交名片，询问客户称谓	（1）销售在与客户会面的3分钟内双手向客户递交名片并进行自我介绍； （2）询问客户称谓； （3）照顾同行人（对同行成人均需要递交名片）
提供帮助	5	在展厅看车时销售应主动为客户提供帮助	（1）展厅看车时销售应主动为客户提供帮助，如主动为客户开关车门、调节座椅，客户不方便时主动帮助客户拿一下东西等； （2）对待老幼病孕等客户应主动关心和提供帮助
积极沟通	5	接待客户时，销售应善于“破冰”，主动与客户沟通、交流	客户看车时销售应善于“破冰”，应主动挑起话题积极与客户沟通
专注服务	10	销售接待客户时应专心认真	（1）销售接待客户的过程中应尽可能不做与接待无关的事，不可让客户感觉到不受重视，不得已使用手机或接听电话时应向客户致歉； （2）销售确实需要暂时离开时，应向客户说明原因及预计离开的时长并征得同意，离开时长超过5分钟应找人接替陪同
引导就坐	10	销售应主动邀请并引导客户于洽谈区就坐	（1）客户到店看车时销售可询问客户是否需要先坐下来休息并喝点东西，若客户决定先看车，看车后再邀请客户至洽谈区就坐； （2）邀请客户就坐要有引导性服务动作（如引导手势或帮助客户拉开座椅等）
饮品提供	10	销售应主动询问客户需求并向客户提供饮品	销售需询问客户需求并为客户提供饮品： （1）报出含冷、热的至少三种饮品供客户选择（同种饮品温度不同算一种）； （2）按客户选择提供饮品并注意饮品质量（不可出现如脏污杂质、茶叶末漂浮未过滤、味道变质等细节问题）； （3）照顾同行人（对同行人需要按需求提供）； （4）关注客户饮用情况适时续杯（不可出现客户饮尽1分钟内未续杯的情况）

续表

评价项目	分值	评价内容	执行要求
礼貌送别	10	客户离店销售应礼貌送别	客户离店，销售应： （1）引导出店（要有引导手势或为客户开门等动作）； （2）送别至展厅门外； （3）向客户致送别词； （4）目送客户离开时长不低于5秒
规范着装	10	销售着装、形象应规范、整洁、得体	（1）统一佩戴符合比亚迪统一要求的工牌； （2）各销售按比亚迪统一要求着装，风格保持统一； （3）着装整洁、得体
言谈礼貌	10	销售给客户造成不便时应注意致歉，与客户沟通言谈应礼貌和善，在客户视听范围内防止粗俗词汇的使用	（1）麻烦客户或给客户造成不便时（如麻烦客户、未及时接待客户、让客户等待、不能及时满足客户要求等）应向客户礼貌致歉（如“麻烦您”“不好意思，您先稍等一下”“很抱歉，让您久等”）； （2）销售与客户沟通时应亲切礼貌、尊重友好； （3）销售在客户视听范围内不可使用粗俗词汇； （4）恶劣情况构成否决项，按否决项处理
举止得体	10	在客户视听范围内，销售举止应规范得体，精神状态朝气干练	（1）销售在客户面前应注重行为举止，站姿、坐姿保持得体、规范； （2）销售在客户面前的精神状态应朝气干练； （3）不应出现聚众聊天、嬉闹等行为
礼貌待客	10	展厅内其他人员对待客户应注意礼貌	展厅内其他人员（接待销售以外的人员）与客户碰面时也应微笑点头、打招呼示意（客户进店、离店时迎宾人员话术此项不计）

工作页

学校名称		任课教师	
班　　级		学生姓名	
学习项目	客户接待	学习时间	
学习任务	展厅客户接待	学习地点	理实一体化教室

1. 完成下列判断题

（1）在客户视听范围内，销售顾问应举止规范得体，精神状态朝气干练。（　　）

（2）销售应主动邀请并引导客户于洽谈区就坐。（　　）

（3）请客户随意参观，销售顾问不需要热情接待客户。（　　）

（4）若遇雨雪天气，汽车销售顾问要打伞引导客户进入展厅。展厅内配置雨伞架，保持展厅环境清洁。（　　）

（5）成功接近客户后，立刻进入主题，迅速而适当地回答客户的询问。（　　）

2. 完成下列选择题

（1）当顾客初次来店时，销售顾问的首要目的是（　　）。

A. 实现交易　　B. 提供技术咨询

C. 实现沟通，取得顾客的信任　　D. 端茶倒水，热情接待

（2）客户离开后，汽车销售顾问应（　　）。

A. 整理洽谈桌、展车，恢复原状

B. 在前台接待处补充相关信息

C. 在客户信息卡上记录客户信息，并设定下次跟进日期

D. 以上都对

（3）客户步入展厅的时候应注意（　　）。

A. 在开始沟通的 2 ~ 3 分钟内，一般不谈与车有关的事情

B. 不必催促客户，让客户慢慢看

C. 热情介绍促销方案

D. 赶紧为客户做登记

（4）展厅接待过程的描述不正确的是（　　）。

A. 坚持留下客户的联系方式　　B. 坚持邀请客户再次过来洽谈

C. 坚持不随意报价　　D. 坚持想尽方法贬低其他竞品

（5）与客户交谈递交名片时应（　　）。

A. 左手递　　B. 右手递　　C. 双手递　　D. 正面朝向自己

3. 选择一个汽车品牌的新能源车型，按照展厅接待的流程分别写出展厅客户接待的话术

表 4-2-2　展厅客户接待话术

展厅接待流程	展厅客户接待话术
到店迎接	
自我介绍	
提供帮助	
积极沟通	
专注服务	
引导就坐	
提供饮品	
礼貌送别	

项目考核

一、客户接待任务

客户王先生与太太通过朋友介绍来到比亚迪销售展厅看车。如果你是销售顾问，你如何进行客户接待？同时，在客户接待中，如何给客户营造愉快轻松的环境，让客户在展厅里停留更长的时间，让销售顾问有更多时间了解客户需求，提供解决方案？

（1）学生通过情景模拟、角色扮演进行客户接待的实操训练。

（2）学生分成 4 个小组，每个小组为一个销售团队，由组长带领组员进行任务分析、角色安排、话术准备、情景练习，保证每个同学都有工作安排且每个同学都要担任一次客户角色和销售顾问角色。

（3）小组学生对客户接待进行分析和预设后，小组成员一起综合运用客户接待的流程和技巧编写客户接待情景的脚本。

（4）演练中用客户接待情景任务实施表 4-2-3 进行考核，每结束每一位学生的演练，组长都需要组织组员进行讨论互评，教师负责时间控制、进度管理、结果复核。

二、任务实施脚本

表 4-2-3　客户接待情景任务实施表

<table>
<tr><td>任务内容</td><td colspan="4">客户王先生与太太通过朋友介绍来到比亚迪销售展厅看车。如果你是销售顾问，你如何进行客户接待？同时，在客户接待中，如何给客户营造愉快轻松的环境，让客户在展厅里停留更长的时间，销售顾问有更多时间了解客户需求，提供解决方案？</td></tr>
<tr><td>客户画像</td><td colspan="4"></td></tr>
<tr><td>时间</td><td>位置</td><td>人物</td><td>话术及动作</td><td>注意事项</td></tr>
<tr><td rowspan="2"></td><td></td><td>客户</td><td></td><td></td></tr>
<tr><td></td><td>销售顾问</td><td></td><td></td></tr>
<tr><td rowspan="2"></td><td></td><td>客户</td><td></td><td></td></tr>
<tr><td></td><td>销售顾问</td><td></td><td></td></tr>
<tr><td rowspan="2"></td><td></td><td>客户</td><td></td><td></td></tr>
<tr><td></td><td>销售顾问</td><td></td><td></td></tr>
<tr><td rowspan="2"></td><td></td><td>客户</td><td></td><td></td></tr>
<tr><td></td><td>销售顾问</td><td></td><td></td></tr>
</table>

续表

时间	位置	人物	话术及动作	注意事项
		客户		
		销售顾问		
		客户		
		销售顾问		
		客户		
		销售顾问		

三、任务评价表

表 4-2-4　客户接待考核表

姓名						
评价要素	评价内容	分值	得分		要素分值	得分
			自评	互评		
迎接客户	仪容仪表	10			30	
	热情接待	10				
	应对礼仪	10				
店内接待	客户观看展车	30			40	
	洽谈	10				
送别客户	总结商品卖点	20			30	
	送别	10				
评价权重（%）			40	60	100	
评价各主体分数小结						

巩固拓展

（1）请小组课后完善统计并分析任务实施中客户接待考核表的相关数据，根据评价表进行自我反思和提升。

（2）进行下一次教学任务的课前微课学习安排，通过信息化平台进行课前任务进度管理及课前学习情况分析。

（3）新任务迁移：其他汽车品牌 4S 店客户接待流程及技巧。

学生小组合作制订任务计划安排，分配组员收集其他汽车品牌（不少于三个汽车品牌）客户接待流程的相关信息。学生收集不同汽车品牌客户接待的流程及技巧内容，对比不同品牌客户接待流程的相同点、不同点，制作成表格资料上交教师检查。

项目五

需求分析

学习目标

1. 知识目标

（1）能够区分客户的显性需求和隐性需求。

（2）能够合理运用需求分析的技巧，收集客户的 10 个关键信息。

2. 能力目标

（1）能根据客户需求分析的流程对客户进行需求分析。

（2）能够根据客户的需求为客户提供合适的专业化解决方案。

3. 素质目标

（1）培养主动学习的意识，养成自主探究的学习习惯。

（2）能够在需求分析的过程中给客户留下专业、热情的印象，使客户对销售顾问产生信赖感。

思政目标

（1）“绿水青山就是金山银山”强调了环境保护的重要性。时刻遵循“绿水青山就是金山银山”这一发展理念，处理好生产发展与环境保护之间的关系，竭力倡导学生从自身出发，尽己所能保护环境。

（2）“核心技术是买不来的”，自从美国对中国华为施加芯片禁令之后，各大芯片供应商受制于美国技术和设备，难以继续向华为供货，但华为通过自身不断攻坚，研制出了麒麟芯片 710A，并应用于手机上，成功反制美国禁令。目前的新能源汽车市场也是如此，尽管现在我国新能源汽车技术的发展处于世界前列，教师在课堂上仍应教育学生居安思危，毕竟“核心技术靠化缘是要不来的”，想让中国发展成一个科技强国，需要每一位青年大学生的不懈努力。

（3）“鼓励学生利用所学知识解决实际问题”，在授课过程中，鼓励学生结合所学需求分析相关知识发现现实问题、分析现实问题、解决现实问题，以实际行动推动社会进步，弘扬社会正能量。

情境描述

客户张先生与张太太来到比亚迪销售展厅，销售顾问小王上前接待，一进展厅他便向客户推荐展厅里销量较好的汉 EV，而且介绍得很详细，几分钟过去小王发现张先生夫妇反应并不热情，似乎还有些不耐烦，便有些担心，不知如何是好，这时恰巧小王的师傅李经理看到这一幕，便趁着客户坐下休息的空档把小王拉到一旁耳语一番，这时小王恍然大悟！在接下来与客户交流的过程中，小王得知张先生夫妇是生意人，由于业务需要想换一辆 30 万元左右的车，同时张先生性格沉稳，比较尊重太太的意见，来之前就已经上网收集过有关车型的资料……

<table>
<tr><td>项目名称</td><td>需求分析</td></tr>
<tr><td>小组成员</td><td></td></tr>
<tr><td>负 责 人</td><td></td></tr>
<tr><td>时　　间</td><td></td></tr>
<tr><td colspan="2">情境描述：
客户张先生与张太太来到比亚迪销售展厅，销售顾问小王上前接待，一进展厅他便向客户推荐展厅里销量较好的汉 EV，而且介绍得很详细，几分钟过去小王发现张先生夫妇反应并不热情，似乎还有些不耐烦，便有些担心，不知如何是好，这时恰巧小王的师傅李经理看到这一幕，便趁着客户坐下休息的空档把小王拉到一旁耳语一番，这时小王恍然大悟！在接下来与客户交流的过程中，小王得知张先生夫妇是生意人，由于业务需要想换一辆 30 万元左右的车，同时张先生性格沉稳，比较尊重太太的意见，来之前就已经上网收集过有关车型的资料……</td></tr>
<tr><td colspan="2">安排角色扮演及材料收集情况记录：</td></tr>
<tr><td colspan="2">安排完成情况记录：</td></tr>
<tr><td>小组负责人：</td><td>完成时间：</td></tr>
<tr><td colspan="2">教师评价：</td></tr>
</table>

项目分析

本次项目内容是客户需求分析，将学习需求分析的重要性、需求分析的内容及技巧，包括区分客户的显性需求和隐性需求、需求分析的流程及技巧等内容，让学生能够根据客户的需求为客户提供合适的专业化解决方案。采用理实一体化进行教学，通过课前微课（理论 + 实操）预习、课中理论强化及实操演练、课后拓展练习，达到知识、技能、素养提升。

任务实施

任务一　需求分析的内容

5-1-1　客户需求分析理论　　　　5-1-2　客户需求分析话术

信息页

学习项目	需求分析	学习时间	30 min
学习任务	需求分析的内容	学习地点	理实一体化教室

一、需求分析的定义

需求分析是通过买卖双方的持续沟通，对顾客购买产品的欲望、用途、功能和款式进行逐渐发掘，将顾客心里模糊的认识以精确的方式描述并展示出来的过程，也是汽车销售顾问洞察和开发顾客心理，将汽车产品特征与顾客需求进行有机联系、达到“为顾客找产品，为产品找顾客”的关键一环和最有效手段。详细的需求分析是满足客户需求的基础，也是保证产品介绍有针对性的前提。

二、需求分析的概述

现今的销售是以客户为中心的顾问式销售，是在市场竞争非常激烈的情况下进行的，所以我们不能再像以前那样采取“黄瓜敲锣——一锤子买卖”的做法，而要给客户提供一款能够满足其需求的车型，因此我们要了解客户的购买动机，对其需求进行分析。

在汽车的销售过程当中，大部分客户往往对自己的需求并不完全了解，而且也不容易表达出来，所以销售人员必须通过引导和提问的方式让客户将自己真正的需求表达出来，以便为其推荐、介绍合适的产品。

（一）需求分析的目的

在现实生活中，许多购车人士对汽车性能、功用和使用性价比缺乏了解，并不一定能做出符合其条件的正确购买决策，他们常常或沉迷于品牌，或受制于广告，或人云亦云、盲目跟风。这时候，一个优秀的汽车销售顾问能通过有效需求分析，在探明顾客购车用途、使用地域、个人偏好、经济实力等情况后，为其分析利弊，推荐出一款性价比最高的汽车产品。

需求分析就是要了解客户的需求，通过适当地提问，鼓励客户发言，使客户感受到“被尊重”，充分自主地表达他 / 她的需求。详细的需求分析是满足客户需求的基础，也是保证产品介绍有针对性的前提。

“需求的冰山理论图”说明了需求分析的重要性，如图 5-1-1 所示：

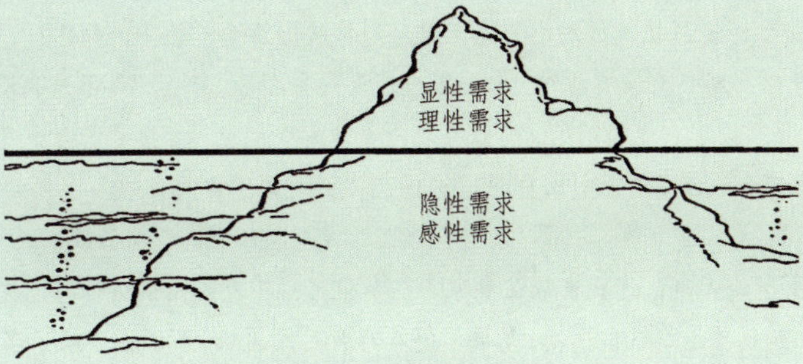

图 5-1-1　冰山理论图

显性需求：客户知道而且愿意说出来的需求。

隐性需求：客户知道但不愿意说出来，或者客户并不自知但内在需要的需求。客户的需求是需要销售人员去激发和创造的，比如使用连带销售的方式。

（二）需求分析的内容

1. 关键信息

通常，通过需求分析，汽车销售顾问一般会向顾客了解 10 个关键信息：

（1）购车时考虑的主要因素（动力、性能、安全、舒适、愉快、经济）。

（2）对汽车品牌了解程度（比亚迪、上汽、罗孚、荣威、MG）。

（3）车辆主要用途（家用、商用）。

（4）购车性质（首次、再次、置换）。

（5）家庭结构或者朋友圈子（使用者、决定者、购买者、影响者）。

（6）意向车型。

（7）意向车型颜色（浅色、深色）。

（8）付款方式（一次性、按揭）。

（9）关注竞争品牌（日韩系、欧美系、德系）。

（10）购车时间（什么时候使用、什么时候开回家、什么时候可以定下来）。

通过对顾客的 10 个关键信息点的收集、整理、分析，了解顾客的隐性需求，根据用户需求，在汽车品牌、价格、配置方面做好相关车型的推荐准备。

2. 参考话术

（1）了解客户的用车经历。

建议话术：您以前都用过哪些车呢？您对 ×× 车感觉怎么样？哪些方面是您觉得比较好的？哪些是您觉得不太满意的？

话术分析：直接问客户是不是开过车，让客户有被鄙视的感觉。而客户在听到你问他开过哪些车时，因为没有那么生硬，客户愿意如实回答你。再怎么样，客户也开过驾驶学校的教练车。客户如果使用过其他车，问客户对车的感觉可探寻客户的需求，因为客户会希望新购入的车具有之前开过的车具备的优点，这就是客户的需求。

（2）有没有了解过某品牌的车型。

以比亚迪为例：

建议话术：先生，您应该了解过比亚迪车吧，您喜欢比亚迪车的哪个颜色？

话术分析：直接问客户有没有看过，会让客户产生防备心理，产生“是不是我没看过你就要‘宰’我”的想法。一定要假设客户是精明的，所以问客户喜欢哪个颜色，客户可能会说“我还没看过车呢，还不确定”或者直接告诉你他喜欢什么颜色。这样，你就达到了你的目的。

（3）参考车型。

建议话术：买车是大事，您现在都在参考哪些车型呢？毕竟我是搞这行的，我给您参考参考。

话术分析：之所以要了解这些信息，是要了解客户背后的需求，所以在了解了客户的参考车型后，要挖掘客户在参考比较哪些车，可以提问引导客户，如“先生，您说的这个车确实也不错，您觉得这个车的哪些方面吸引您？”之后还需要重新给客户设定购车标准，引导客户。

（4）购车原因、用途。

建议话术：您真厉害，年纪轻轻就有能力买车了。您买车是家用还是商用呢？

话术分析：生硬地问，客户可能会感觉受到冒犯，拒绝回答。在获取这些信息前，记得用赞美来铺垫。

（5）预算。

建议话术：能请教一下您要选择什么价位的车吗？

话术分析：让客户自己选择，一定要让客户有自己做决定的感觉。

（6）对新车的要求。

建议话术：您也有这么长时间的驾龄了，对于新车您有些什么要求吗？车是耐用消费品，将来要长时间地使用，不知道您对您的座驾会有哪些要求？

话术分析：客户一般都是带着基本的期望来看车的，了解客户对新车最基本的要求能做到心中有数，在产品介绍环节更有针对性。

（7）购车时间、使用地点。

建议话术：先生，您什么时候要用到车呢？

话术分析：让客户觉得你在关心他，而且可以有效地刺探客户的诚意。

（8）客户是不是决策者。

建议话术：您还需要参考家人的意见吗？（家用）

选购这台车是您全权负责的吧？（公用）

（9）第几次来店。

建议话术：大哥您好，欢迎光临。天气真热（冷），快进来吹吹空调。看您好面熟啊，咱们应该见过，您是不是来过我们店啊？（不管是不是面熟）

话术分析：采用套近乎的方式，更容易拉近与客户的关系。

（10）信息渠道。

建议话术：您从什么渠道了解到我们店和车型的信息的呢？报纸还是……？

话术分析：了解这个信息，是为了完善表卡中的信息，对销售服务店的数据统计提供参考，以此为销售服务店的运营管理提供参考。

（11）职业。

建议话术：这么热的天，您是怎么过来的啊？/您好成功啊，这么年轻就开车了，我得向您学习。（用寒暄或者赞美来铺垫）/大哥做哪行的啊？（有赞美的空间别忘记赞美）

话术分析：了解客户的职业也可以发现客户的某些隐性需求，而且赞美客户的职业可以让客户有一种受到尊重的感觉。

（三）需求分析流程

需求分析的流程如图 5-1-2 所示：

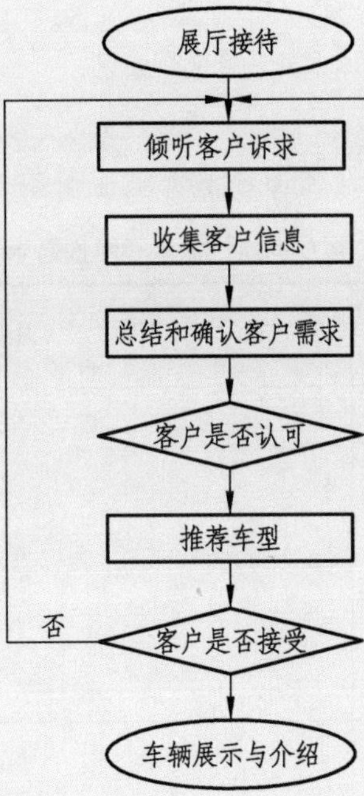

图 5-1-2　客户需求分析流程图

项目五 需求分析

工作页

学校名称		任课教师	
班　　级		学生姓名	
学习项目	需求分析	学习时间	
学习任务	需求分析的内容	学习地点	理实一体化教室

1. 请完成下列选择题

（1）客户的（　　）是指客户知道但不愿意说出来，或者客户并不自知但内在需要的需求。

A. 显性需求　　B. 隐性需求　　C. 弹性需求　　D. 刚性需求

（2）客户的（　　）需求是指客户知道而且愿意说出来的需求。

A. 显性需求　　B. 隐性需求　　C. 弹性需求　　D. 刚性需求

2. 请完成下列判断题

客户在看车的过程中，因为每个客户都非常清楚自己对车辆的需求，所以销售顾问只需要给客户推荐你认为最好最贵的车。（　　）

3. 请完成下列简答题

（1）什么是客户的显性需求？什么是隐性需求？

（2）请简述需求分析的流程。

4.【实操练习】请试着分别写出6条客户的显性需求和隐性需求

表5-1-1　客户的显性需求和隐性需求表

工作内容	需求类型	具体需求
客户需求	显性需求	
	隐性需求	

5.【实操练习】进行客户需求分析情景模拟，试着收集客户的 10 个关键信息

表 5-1-2　收集客户信息的参考话术表

收集信息	参考话术
购车时考虑的主要因素（动力、性能、安全、舒适、愉快、经济）	
对新能源汽车的了解程度（上汽、罗孚、荣威）	
车辆主要用途（家用、商用）	
购车性质（首次、再次、置换）	
家庭结构或者朋友圈子（使用者、决定者、购买者、影响者）	
意向车型	
意向车型颜色（浅色、深色）	
付款方式（一次性、按揭）	
关注竞争品牌（日韩系、欧美系、德系）	
购车时间（什么时候使用、什么时候开回家、什么时候可以定下来）	

任务二　需求分析的技巧

5-2-1　需求分析的技巧理论

5-2-2　需求分析实操

信息页

学习项目	需求分析	学习时间	30 min
学习任务	需求分析的技巧	学习地点	理实一体化教室

在实际销售过程中，通常客户并不会十分配合销售顾问，因此，掌握需求分析的内容及流程是远远不够的，销售顾问还需要学会运用一些常见的需求分析的技巧。接下来我们就来介绍需求分析中常用的技巧。

一、运用开放式与封闭式提问收集客户信息

（一）开放式提问

开放式提问的目的是打开话题，收集信息。

开放式提问使用时间：询问客户前期，可让客户展开话题，充分表露自己的想法和意见。用“6W2H”的方法来进行提问，如表 5-2-1 所示。

表 5-2-1　6W2H 提问方法

What	来店目的、看什么车型、竞争车型、以前开什么车	Where	在什么地方使用
Who	是决策者、参谋、司机还是影响者	Which	思考上保持弹性，有不同的选择方案
Why	购车的原因（动机）	How	购车预算、所需时间
When	什么时候购买	How to	如何做、如何付款

（二）封闭式提问

封闭式提问的目的是引导话题，收集信息。答案有两种：“A”或“B”、“Yes”或“No”。

封闭式提问使用时间：在收集到足够的信息后，用来确定自己的判断和理解，从而将客户的需求确定下来，最终确认哪个产品或服务能符合客户的需求。

例如：“先生，我是否可以总结一下您的要求？您需要一款外形有特点、动力性强又安全的车，这三方面是您考虑的重点，是吗？”

二、运用 SPIN 提问强化客户需求

（一）引入

（1）需求分析的真正目的：将客户的隐性需求开发成显性需求。

（2）强化客户的需求方法：SPIN 提问。

图 5-2-1　SPIN 提问

（二）SPIN 的含义

（1）S（Situation Questions）：询问客户的现状问题。

例如：“您这个车是给谁开的”“您现在用的是什么车”“您驾龄有多少年”。

注意：现状问题不能多问，只问那些必要的、最可能出现的现状问题，两三个即可，否则会使客户产生反感和抵触情绪。

（2）P（Problem Questions）：了解客户现在所遇到的困难问题。

例如：“是不是油耗跟以前比有点高了”“是不是经常去维修厂，维修费用也上来了”。

注意：不能见到什么都问有没有困难，必须建立在现状问题的基础上，确保所问的困难问题是客户现实中的问题。

（3）I（Implication Questions）：暗示或牵连性问题。

对客户形成心理暗示，暗示客户这个问题现在很严重了，必须马上解决，不解决将会带来很大的麻烦，让客户想象一下现有问题将带来的后果，并引发客户思考更多的问题。

（4）N（Need pay-off Questions）：告诉客户关于价值的问题。

例如：“这些问题解决以后会给你带来什么好处”。

注意：让客户把注意力从问题转移到解决方案上，并且让客户感觉到这种解决方案将给他带来价值。

三、积极地倾听

（一）集中精力，专心倾听

销售顾问应该在与客户沟通之前做好多方面的准备，如身体准备、心理准备、态度准备以及情绪准备等。疲惫的身体、无精打采的神态、消极的情绪以及信手涂鸦或随手把玩的东西（如铅笔、钥匙串）等，都可能让客户觉得不受尊重。

（二）不随意打断客户谈话

随意打断客户谈话会打击客户说话的热情和积极性，如果客户当时情绪不佳，而你又打断了他们的谈话，那无疑是火上浇油。

当客户谈话的热情高涨时，销售顾问可以给予必要的、简单的回应，如“哦”“对”“是吗”“好的”，等等。除此之外，销售顾问最好不要随意插话或接话，更不要不顾客户的喜好另起话题。

（三）谨慎反驳客户观点

客户在谈话的过程中表达的某些观点可能失之偏颇，也可能不符合你的口味，但是你要记住：客户永远都是上帝，他们很少愿意销售顾问直接批评或反驳他们的观点。

如果你实在难以对客户的观点做出积极反应，那可以采取提问等方式改变客户谈话的重点，引导客户谈论更能促进销售的话题。

（四）用信号表明你有兴趣

可以用下列方式表明你对说话内容感兴趣：

（1）保持目光凝视一点，不时与对方进行眼神交流。

（2）让客户把话说完整并且不插话，表明你很看重沟通的内容。

（3）点头或者微笑可以表示赞同客户说的内容，表明你与说话人意见相合。

（4）采用放松的身体姿态，表明你完全关注了他们的话。

（五）及时总结和归纳客户观点

通过总结归纳，一方面可以向客户传达你一直在认真倾听的信息，另一方面，也有助于保证你没有误解或歪曲客户的意见，从而使你更有效地找到解决问题的方法。

（六）检查你的理解力

检查自己的理解力有以下做法：

（1）重复信息：把听到的内容用自己的话复述一遍，就可以肯定是否已准确无误地接收了信息。

（2）提出问题：通过询问，可以检查自己对信息的理解，也能使说话者知道你在积极主动地聆听。

（七）站在对方的立场

每个人都有自己的立场及价值观，因此，你必须站在客户的立场，仔细地倾听客户所说的每一句话，不要用自己的价值观去指责或评判对方的想法，要与对方保持共同的态度。

四、及时整理客户需求信息

在通过提问和倾听对客户的需求有了大致的了解后，帮助客户填写一份客户需求分析表。

表 5-2-2　客户需求分析表

创建日期：			
接待客户信息			
购车人		联系人	
家庭住址		家庭人口	
职　业		付款方式	
兴趣车型		来店（电）方式	
备注：			

续表

购车分析：				
新车主驾者	1. 男士	2. 女士	3. 男女共用	
新车主要用途	1. 家用	2. 偶尔商用	3. 政府、机关	4. 经常出差
新车关注点	1. 经济性	2. 外观时尚	3. 安全舒适	4. 动力强劲
	5. 科技感强	6. 品牌卓越	7. 操控感强	8. 人性化
用车习惯	1. 极速飞车	2. 偶尔小快	3. 平稳驾驶	
主要用车路程	1. 市区较堵	2. 郊区平顺	3. 红灯较多	4. 高速公路
新车店面选择	1. 服务设施完善	2. 离家近	3. 服务质量	4. 售后维修
	5. 价格最优	6. 店面口碑		
购车预算：		牌照归属	1. 本地	2. 外地
用车时间：		客户性质	1. 个人	2. 公户
备注：				

工作页

学校名称		任课教师	
班　　级		学生姓名	
学习项目	需求分析	学习时间	
学习任务	需求分析的技巧	学习地点	理实一体化教室

1. 请完成下列选择题

关于需求分析过程中常用到的技巧，下列表述正确的是（　　）。

A. 运用开放式与封闭式提问可以收集客户信息

B. 运用封闭式的提问可以让客户展开话题，充分表露自己的想法和意见

C. 运用 SPIN 提问法来强化客户需求

D. 开放式提问通常用“6W2H”的方法来进行提问

2. 请完成下列判断题

销售顾问对客户进行需求分析时，可以通过有效的提问和积极的倾听来了解客户的需求。（　　）

3. 请完成下列简答题

（1）什么是 SPIN 提问法？主要运用于什么时候？

（2）请简述需求分析在整个销售流程中的重要性。

4.【实操练习】用 SPIN 提问法，强化客户的需求练习

表 5-2-3　客户需求练习表

SPIN 提问法	参考话术
S（现状问题）	
P（困难问题）	
I（暗示问题）	
N（价值问题）	

5.【实操练习】进行客户需求分析情景模拟，填写客户需求分析表

【场景描述】 一对青年夫妇，平时车辆使用率不高，在购车方面主要的需求是上下班和接送小孩，周末也只在城市道路上行驶。

演练要求：小组成员分配销售顾问和客户角色，进行客户需求分析情景模拟，运用需求分析的技巧，获取客户信息，填写客户需求分析表。

表 5-2-4　客户需求分析表

创建日期：				
接待客户信息				
购车人		联系人		
家庭住址		家庭人口		
职业		付款方式		
兴趣车型		来店（电）方式		
备注：				
购车分析：				
新车主驾者	1. 男士	2. 女士	3. 男女共用	
新车主要用途	1. 家用	2. 偶尔商用	3. 政府、机关	4. 经常出差
新车关注点	1. 经济性	2. 外观时尚	3. 安全舒适	4. 动力强劲
	5. 科技感强	6. 品牌卓越	7. 操控感强	8. 人性化
用车习惯	1. 极速飞车	2. 偶尔小快	3. 平稳驾驶	
主要用车路程	1. 市区较堵	2. 郊区平顺	3. 红灯较多	4. 高速公路
新车店面选择	1. 服务设施完善	2. 离家近	3. 服务质量	4. 售后维修
	5. 价格最优	6. 店面口碑		
购车预算：		牌照归属	1. 本地	2. 外地
用车时间：		客户性质	1. 个人	2. 公户
备注：				

项目考核

一、需求分析任务介绍

场景描述：客户张先生与张太太是一对青年夫妇，他们平时车辆使用率不高，在购车方面主要的需求是上下班和接送小孩，周末也喜欢到城市周边走走转转。今天他们第一次来到比亚迪销售展厅，想要了解一下相关的新能源车型。

（1）学生通过情景模拟角色扮演进行客户需求分析实操训练。

（2）学生分成 4 个小组，每个小组为一个销售团队，由组长带领组员进行任务分析、角色安排、话术准备、情景练习，保证每个同学都有工作安排且每个同学都要担任一次客户角色和销售顾问角色。

（3）小组学生对客户购车需求进行分析和预设后，小组成员一起综合运用产品介绍方法和技巧编写推荐车型产品介绍情景的脚本。

（4）在演练中，用需求分析考核表 5-2-6 进行考核，每结束一位学生的演练，组长需要组织组员进行讨论互评，教师负责时间控制、进度管理、结果复核。

二、任务实施脚本

表 5-2-5　客户需求分析任务实施表

任务内容	客户张先生与张太太是一对青年夫妇，他们平时车辆使用率不高，在购车方面主要的需求是上下班和接送小孩，周末也喜欢到城市周边走走转转。今天他们第一次来到比亚迪销售展厅，本次来展厅是想选择一辆适合的新能源车		
客户画像			
时间	角色	话术及收集的信息	注意事项
	客户		
	销售顾问		
	客户		
	销售顾问		
	客户		
	销售顾问		
	客户		
	销售顾问		
	客户		
	销售顾问		
	客户		
	销售顾问		
	客户		
	销售顾问		

三、任务评价表

表 5-2-6　需求分析考核表

姓　名：			得　分：				
评价要素	评价内容	执行要求	评价结果选项	得分		要素分值	得分
				自评	互评		
职业素养	仪容仪表	着统一的商务装，符合形象礼仪	01：满足执行要求，本项得 4 分； 02：未着统一的商务装，本项得 0 分； 03：其他情况（备注说明）				
	沟通力	有主动进行沟通的意识和动作	01：满足执行要求，本项得 2 分； 02：没有主动进行沟通的意识和动作，本项得 0 分； 03：其他情况（备注说明）				
	亲和力	交流始终面带微笑，神情专注亲和	01：满足执行要求，本项得 2 分； 02：交流时没有亲和力，本项得 0 分； 03：其他情况（备注说明）				
	语言表达	语言表达符合销售礼仪要求	01：满足执行要求，本项得 2 分； 02：语言表达不符合销售礼仪要求，本项得 0 分； 03：其他情况（备注说明）				
需求分析	主动了解客户过往用车经历	（1）客户无过往用车经历，属于新手首购，无需进一步询问； （2）客户有过往用车经历，则应进一步询问过往使用的车型以及用车感受（如在哪些方面使用比较满意，哪些方面觉得不足并想要在购新车时得到提升）	01：满足执行要求，本项得 20 分； 02：未了解客户过往用车经历，本项得 0 分； 03：了解到客户过往有用车经历，未进一步追问过往用车感受，本项得 10 分； 04：其他情况（备注说明）				
	主动了解客户购车需求（不少于 2 项）	包括但不限于： 购车预算、车辆用途、常用人、用车场景、乘员人数等	01：满足执行要求，本项得 20 分； 02：未主动了解客户需求，本项得 0 分； 03：主动了解客户需求但不足 2 项（备注询问内容），本项得 10 分； 04：其他情况（备注说明）				
	主动了解客户购车关注点及偏好	例如： 外观、内饰、空间、安全、动力、操控、智能配置、乘坐舒适性、用车经济性等	01：主动了解客户购车的关注点 / 偏好，本项得 10 分； 02：未主动了解客户关注点 / 偏好，本项得 0 分； 03：其他情况（备注说明）				

续表

姓 名：			得 分：				
评价要素	评价内容	执行要求	评价结果选项	得分		要素分值	得分
				自评	互评		
需求分析	销售应结合客户需求给出产品或款型推荐	（1）结合客户需求给出建议，重点考虑车型或款型（客户明确车型时应推荐款型）； （2）向客户说明推荐理由； （3）向客户提供或发送产品资料（推荐加客户微信发送电子档）	01：满足执行要求，本项得 20 分； 02：未推荐车型或款型，本项得 0 分； 03：推荐与客户所述需求不符（备注说明），本项得 0 分； 04：推荐车型或款型但未说明理由，本项得 0 分； 05：推荐车型或款型并说明理由，但未提供 / 发送对应产品资料，本项得 10 分； 06：其他情况（备注说明）				
评价权重（%）				40	60	100	
评价各主体分数小结							

巩固拓展

（1）请小组课后完善统计并分析任务实施中需求分析考核表相关数据，并根据评价表进行自我反思和提升。

（2）进行下一次教学任务的课前微课学习安排，通过信息化平台进行课前任务进度管理及课前学习情况分析。

项目六

产品介绍

学习目标

1. 知识目标

（1）掌握产品介绍的六方位绕车介绍方法和产品性能介绍法。

（2）了解汽车产品介绍中的技巧。

2. 能力目标

（1）能够根据客户的需求进行汽车各性能展示。

（2）能够进行竞品车型的比较，掌握车型卖点。

3. 素质目标

（1）培养主动学习的意识，养成自主探究的学习习惯。

（2）能够体现真诚专业的职业素养，培养爱岗敬业的精神。

思政目标

（1）新能源汽车产品介绍以比亚迪汉 EV 为例，让学生了解国产品牌新能源汽车车型产品特点及优势，增强民族品牌自信、文化自信，进而激发爱国情怀。

（2）聚焦新能源汽车知识，了解新能源汽车产品结构、特点、优势，培养环境保护意识、节能意识，树立行业绿色生态长期发展理念和信心。

（3）围绕汽车产品介绍常用方法和技巧，掌握产品介绍的职业技能要求，提升职业信心，激发职业热爱，树立正确职业信念。

情境描述

客户张先生与张太太来到比亚迪销售展厅，销售顾问通过需求分析了解到夫妻俩对汉EV车型非常感兴趣，但平时车辆使用率不高，在购车方面主要的需求是上下班和接送小孩，周末也只在城市道路上行驶，本次来展厅是想更多地了解此车型的相关信息。

<table>
<tr><td>项目名称</td><td colspan="2">产品介绍</td></tr>
<tr><td>小组成员</td><td colspan="2"></td></tr>
<tr><td>负责人</td><td colspan="2"></td></tr>
<tr><td>时　间</td><td colspan="2"></td></tr>
<tr><td colspan="3">情境描述：
客户张先生与张太太来到比亚迪销售展厅，销售顾问通过需求分析了解到夫妻俩对汉EV车型非常感兴趣，但平时车辆使用率不高，在购车方面主要的需求是上下班和接送小孩，周末也只在城市道路上行驶，本次来展厅是想更多地了解此车型的相关信息</td></tr>
<tr><td colspan="3">安排角色扮演及材料收集情况记录：</td></tr>
<tr><td colspan="3">安排完成情况记录：</td></tr>
<tr><td colspan="2">小组负责人：</td><td>完成时间：</td></tr>
<tr><td colspan="3">教师评价：</td></tr>
</table>

项目六 产品介绍

项目分析

本次项目内容是汽车产品介绍，学生将学习三种汽车产品介绍中常用的方法，首先学习最基础的六方位绕车介绍法，其次是产品性能介绍法，最后是产品介绍中常用的 FABE 产品介绍法等技巧。采用理实一体化进行教学，通过课前微课（理论 + 实操）预习、课中理论强化及实操演练、课后拓展练习，达到知识、技能、素养提升。

任务实施

任务一　六方位绕车介绍法

6-1-1　六方位绕车介绍理论　　　　6-1-2　比亚迪绕车介绍实操

信息页

学习项目	产品介绍	学习时间	30 min
学习任务	六方位绕车介绍法	学习地点	理实一体化教室

六方位绕车介绍法适用于初次接待，当客户与汽车销售顾问同站在车旁，在介绍车辆特征时，对应于所处展车不同的部位，进行与之相关车辆配置的介绍，让客户对整辆车有一个全面的认识和了解。销售顾问首先引导客户站在展车前部，然后按照顺时针的方向，从车辆左前 45 度、发动机舱、车辆右侧、车辆后部、后排乘客舱、驾驶员舱这六个方位顺序介绍车辆。

一、具体介绍方法

（一）第一方位：车辆左前 45 度位置

（1）销售顾问站在这个位置可以介绍车辆整体造型与设计风格、品牌文化与标志、前车灯、前进气格栅、保险杠、前风窗玻璃、雨刮设备、车身尺寸等。（如图 6-1-1 所示）

图 6-1-1　车辆左前 45 度位置

（2）参考话术：比亚迪汉 EV 由国际设计大师沃尔夫冈·艾格基于 EV Dragon Face 的“双龙并型·性能美学”造型理念联袂设计。全车 730 多颗 LED 灯珠用于悬浮式龙晶 LED 大灯，贯穿龙须式日间行车灯融入独立分区沉浸式智能氛围灯，光彩夺目，惊艳众人。龙晶觉醒模式在车辆解锁时，随着龙晶车标亮起，整车灯光动态点亮宛如神龙觉醒，营造出礼宾般的尊贵仪式感。

（二）第二方位：发动机舱位置

（1）销售顾问站在这个位置可以介绍发动机舱的布局、静音设计、发动机的先进技术及其参数、前方碰撞变形吸能区、排气环节、添加机油等液体的容器及其加注口的位置安排、前悬架的设计等。（如图 6-1-2 所示）

图 6-1-2　发动机舱位置

（2）参考话术：汉 EV 是全球首款搭载“刀片电池”的新能源汽车，兼具长寿命和长续航，重新定义了新能源汽车的安全标准。采用安全升压直流快充的模式，最大充电功率可达 100 kW，充电 10 min，续航 135 km，同时适配全国公共充电桩，兼容多种充电方式。搭载比亚迪自主研发的超级智能电四驱，毫秒级极速响应，同时具备 ECO/SPORT/ 雪地三种工况模式。

（三）第三方位：车辆右侧位置

（1）销售顾问站在这个位置可以介绍车架的设计、轴距、车身长度、车门的设计、侧面的安全性、侧面玻璃的开阔视野、最小离地间隙、轮胎、制动系统、所搭载的主动安全设备（如 ABS、EBD、ESP、TCS 等）、后悬架系统、车身漆面的质量、车身密封性、门把手的设计等。（如图 6-1-3 所示）

图 6-1-3　车辆右侧位置

（2）参考话术：汉 EV 车侧设计兼顾美学与效能，成就 0.233 超低风阻系数，在极大降低高速能耗的同时，提升了续航里程。百公里加速 3.9 s，代表中国骄傲新速度。

DiPilot 智能驾驶辅助系统，智能、安全、个性化的驾乘平台随着 OTA 升级不断进化。主动安全配备 FCW、EBA、LDW、DOW、RCW 等主动安全功能全方位提升驾乘安全级别。

被动安全方面，全车高强度钢占比 85%，43 处使用热成型钢全系标配。有 11 个安全气囊可以很好地保证驾乘人员安全。S 级德系底盘调校由德系底盘调校大师汉斯・柯克及其团队打造，使其处于操控性和舒适性的黄金平衡点，打造了卓越的驾乘体验。

（四）第四方位：车辆后部位置

（1）销售顾问站在这个位置可以介绍车辆尾部造型的设计、后门开启的方便性、存放物体的容积大小、后风窗玻璃的大小及造型、汽车的扰流板（尾翼）、尾灯的造型设计、尾灯的安全特性、备胎的位置设计、后部的安全性设计等。（如图 6-1-4 所示）

图 6-1-4　车辆后部位置

（2）参考话术：汉 EV 版车型尾部设计也别具一格，多以横向线条组建，着重强调了尾部的视觉宽度，微微抬起的鸭尾，让整个尾部显得宽大的同时平添了几分运动感。

贯穿式尾灯采用了龙爪的设计元素，与前大灯相呼应，夜间点亮瞬间带来惊艳的视觉效果。后尾门可电动解锁，也可加装电动开启模式。

后备箱进深是 1000 mm，宽度是 920 ~ 1260 mm，高度是 470 mm，平整度不错，内部也很规整，其顶配车型后排座椅靠背配有电动调节，汉 EV 全系车型的后排座椅靠背不支持放倒。

（五）第五方位：车辆后排乘客位置

（1）销售顾问引导客户坐在车内时可以介绍前后排乘坐的空间大小，乘坐的舒适度，视野，车内饰的做工质量、颜色，车内储物空间的数量及大小，空调出风口的设计，座椅的折叠程度，车内外后视镜的位置及视野等。（如图 6-1-5 所示）

图 6-1-5　车辆后排乘客位置

（2）参考话术：汉 EV 打造图书馆级 NVH 静谧空间，采用新能源汽车 NVH 独有解决方案为汉 EV 带来前所未有的驾乘品质。

汉 EV 全系车型标配副驾驶老板键、后排独立空调控制面板、后排独立空调。汉 EV 四驱高性能版车型在后排座椅扶手上设有控制屏，后排乘客可对空调、音乐、座椅、天窗等功能进行操作。

除了后排座椅加热外，后排座椅靠背电动调节、后排座椅头枕护翼也是四驱高性能版车型所独有的豪华，汉字刺绣更凸显其精致。

（六）第六方位：车辆驾驶员位置静态展示前 App 功能介绍

（1）当客户坐在这个位置时可以介绍驾驶室的乘坐空间、视野、腿部空间，座椅的质量及其多项调节的控制，安全气囊及安全带，方向盘的控制，音响、空调、车门窗的控制，灯光、雨刮、喇叭的操作，制动系统的介绍，变速箱换挡的操作，仪表盘的设计等。（如图 6-1-6 所示）

图 6-1-6　车辆驾驶员位置

（2）参考话术：汉 EV 的手机 NFC 车钥匙，全场景、无网络、无电皆可用，靠近即开，方便快捷，是数字化进入的人性化解决方案。采用福耀三防双层安全车窗“防晒小黑伞”，防晒、隔热、防眩光，护人护车，安全舒心。智能健康生态座舱，车内涂装采用水性环保阻尼材料，达到欧标 3.0 级水平高效净化，让乘车人安全呼吸。

S级环抱式豪华智能旗舰飞行舱由国际大师米开勒·帕加内蒂匠心打造，以环抱式内饰设计语言诠释中式豪华。

真皮真铝真木真碳纤维内饰用料考究，精选进口天然牛皮制作的Nappa真皮座椅，天然真木或碳纤维内饰采用先进的拉丝和丝网印刷的真铝制作工艺，所触之处，皆享豪华。HiFi级定制丹拿音响最高输出功率可达775 W，打造“移动的私人音乐厅”，为用户提供原汁原味的音乐享受。

二、六方位绕车介绍的注意事项

（1）编写绕车介绍话术并熟背才能从容运用；

（2）从始至终都要专业、规范，且具有亲和力及真诚感；

（3）使用六方位介绍法时要从客户最想知道的方位开始，所以销售顾问要用概述的技巧询问客户，找出客户的购买动机，做有针对性的介绍；

（4）用手势引导客户到相关的方位，注意走位及站位，要把赏车最佳位置给客户；

（5）介绍时多与客户进行互动，眼神多看向客户，关注客户感受，客户才是主角；

（6）鼓励客户亲手操作，多让客户接触产品，从听觉、视觉、嗅觉、触觉、感觉五个方面感受产品；

（7）不断寻求客户认同，注意客户聆听时的兴趣，若发觉客户不感兴趣，要试探性地提问，找出客户的需求，再继续依客户的兴趣提供介绍，并要适时对客户进行赞美；

（8）介绍中要注意客户眼神中散发出来的购买信号，记住眼睛是灵魂之窗；

（9）六方位介绍法旨在让客户了解产品，认同产品，若在介绍中发现客户已经认同产品，可停止六方位介绍，设法引导客户进入试乘试驾或是报价成交的阶段；

（10）按客户需求，有效组织特性介绍的结构和顺序。客户需求越多的地方，越要优先介绍。

注意：在进行六方位绕车介绍的过程中，一定要注意销售顾问与客户的站位，以及销售顾问的动作及姿态，尤其是在介绍车辆内部和驾驶室时要采用半蹲式，并且要学会灵活变动自己的位置，以客户为主体，销售顾问为主导，切不可忽视客户的感受。

工作页

学校名称		任课教师	
班　　级		学生姓名	
学习项目	产品介绍	学习时间	
学习任务	六方位绕车介绍法	学习地点	理实一体化教室

1. 请完成下列判断题

（1）六方位绕车介绍法适用于初次到展厅看车的客户接待时。（　　）

（2）销售顾问首先引导客户站在展车前部，然后按照顺时针的方向，从车辆左前45度、发动机舱、车辆右侧、车辆后部、后排乘客舱、驾驶员舱这六个方位顺序介绍车辆。（　　）

（3）在介绍过程中，从始至终都要专业、规范，且具有亲和力及真诚感。（　　）

（4）六方位介绍法从销售顾问最想介绍的方位开始。（　　）

（5）用手势引导客户到相关的方位，注意走位及站位，要把赏车最佳位置给客户。（　　）

（6）鼓励客户亲手操作，多让客户接触产品，从听觉、视觉、嗅觉、触觉、感觉五个方面感受产品。（　　）

2. 完成下列选择题

（1）在（　　）位置可以介绍发动机舱的布局、静音设计、发动机的先进技术及其参数、前方碰撞变形吸能区、排气环节、添加机油等液体的容器及其加注口的位置安排、前悬架的设计等。

A. 车辆左前 45 度　　B. 发动机室　　C. 车辆右侧

D. 车辆后部　　E. 后排乘客舱　　F. 驾驶员舱

（2）在（　　）位置可以介绍车架的设计、轴距、车身长度、车门的设计、侧面的安全性、侧面玻璃的开阔视野、最小离地间隙、轮胎、制动系统、所搭载的主动安全设备等内容。（　　）

A. 车辆左前 45 度　　B. 发动机室　　C. 车辆右侧

D. 车辆后部　　E. 后排乘客舱　　F. 驾驶员舱

（3）销售顾问站在（　　）位置可以介绍车辆尾部造型的设计、后门开启的方便性、存放物体的容积大小、后风窗玻璃的大小及造型、汽车的扰流板（尾翼）、尾灯的造型设计、尾灯的安全特性、备胎的位置设计、后部的安全性设计等。

A. 车辆左前 45 度　　B. 发动机室　　C. 车辆右侧

D. 车辆后部　　E. 后排乘客舱　　F. 驾驶员舱

（4）当客户坐在（　　）时可以介绍驾驶室的乘坐空间、视野、腿部空间，座椅的质量及其多项调节的控制，安全气囊及安全带，方向盘的控制，音响、空调、车门窗的控制，灯光、雨刮、喇叭的操作，制动系统的介绍，变速箱换挡的操作，仪表盘的设计等。

A. 车辆左前 45 度　　B. 发动机室　　C. 车辆右侧

D. 车辆后部　　E. 后排乘客舱　　F. 驾驶员舱

（5）销售顾问站在车（　　）位置可以向客户介绍车辆整体造型与设计风格、品牌文化与标志、前车灯、前进气格栅、保险杠、前风窗玻璃、雨刮设备、车身尺寸等。

A. 车辆左前 45 度　　B. 发动机室　　C. 车辆右侧

D. 车辆后部　　E. 后排乘客舱　　F. 驾驶员舱

3. 选择一个汽车品牌的新能源车型，分别写出此车型六方位绕车介绍法中每个方位介绍的 3 个卖点介绍话术及行为动作

表 6-1-1　六方位绕车介绍法的介绍话术及动作设计

六方位绕车介绍	产品卖点	介绍话术及动作设计
第一方位		
第二方位		
第三方位		
第四方位		
第五方位		
第六方位		

任务二　产品性能介绍法

6-2-1　产品性能介绍法理论　　　　6-2-2　产品性能介绍注意事项

信息页

学习项目	产品介绍	学习时间	30 min
学习任务	产品性能介绍法	学习地点	理实一体化教室

客户在考察一款车时，其重点关注的因素有品牌、外形、安全性、动力性、操控性、舒适性、经济性、性价比、售后服务和保值率等。汽车销售顾问可以从这些性能方面入手，当然使用的条件是销售顾问与用户有更深度的沟通，已掌握了用户的基本需求，能有针对性地结合以上要素有重点、有主次地介绍车型。

一、具体介绍方法

（一）品牌

汽车品牌的历史与荣耀、该品牌的故事与口碑、该车型的历史演变、销量与评价。

（二）外形

知名的设计师或设计单位、外部造型的风格与特色、可选的颜色。

（三）安全性

（1）主动安全设备：ABS 制动防抱死系统、CBC 转向制动控制系统、EBA 紧急制动力辅助系统、EBD 电子制动力分配系统、ESP 车身电子稳定系统、ACC 汽车自适应巡航控制系统、TCS 牵引力控制系统、TPMS 智能胎压监测系统及倒车影像系统等。

（2）被动安全设备：安全气囊、预张紧式安全带、车身钢板、吸能结构、防盗系统、防撞钢梁、溃缩式转向柱等。

（四）动力性

发动机排量、续航里程、百公里提速时间、最大功率、最大扭矩等。

（五）操控性

转向角、制动距离、过弯平顺感等。

（六）舒适性

车内空间、座椅、空调、音响、视野等。

（七）经济性

油耗、保养及维修费用。

（八）性价比

售价、促销优惠活动、市场价格走势、与同级别车型价格的对比。

（九）售后服务

售后服务范围、服务质量、服务网点的分布、售后服务的收费标准。

二、产品性能介绍的注意点

（1）销售顾问要针对用户对产品的独特需求进行专项的介绍；

（2）销售顾问要针对客户所关注的性能部分进行专题重点介绍；

（3）在涉及客户所提竞品的特点时，销售顾问要进行专项对比，将该车型的性能优势介绍清楚。

三、产品介绍能力考核标准

在汽车经销商展厅工作中，品牌对于销售顾问会进行产品介绍能力考核，只有通过品牌考核才能进行汽车销售工作。表6-2-1是比亚迪品牌汽车销售商秦PLUS DM-i车型产品介绍能力考核标准（产品性能介绍法）。

表6-2-1　产品介绍能力考核标准

环节	核心点	秦PLUS DM-i车型介绍参考话术	推荐要点
开篇	开篇三句话	（1）超省：亏电情况下百公里油耗仅为3.8 L，满油满电最大续航可达1245 km。 （2）超快：百公里加速为7.3 s（55 km版本为7.9 s），远强于同级燃油车。 （3）可油可电：不方便充电时，整车性能、使用经济性不会受到很大影响	
安全	主动安全	秦PLUS DM-i上搭载的智能驾驶辅助系统有多种功能确保行车安全。例如，（RCW）后方碰撞预警系统也非常实用，当后方车辆靠近，有追尾的危险时，预警系统便会启动，提醒驾驶员；（ACC S&G）停走型自适应巡航，前方车辆减速，您的车辆也会跟着减速，前方车辆刹停，您的爱车也会刹停，前方车辆再起步，您的车辆也会跟着起步，方便安全	展示/拓展要点： ①RCW； ②ACC S&G
	被动安全	秦PLUS DM-i被称为公路坦克，秦PLUS DM-i使用1180 DP前防撞钢梁，关键部位使用热成型钢，在国内量产车排在第一梯队	展示/拓展要点： ①1180 DP前防撞钢梁； ②关键部位使用热成型钢

续表

环节	核心点	秦 PLUS DM-i 车型介绍参考话术	推荐要点
安全	电池安全	秦 PLUS DM-i 的电池是刀片电池，比普通的三元锂电池要安全稳定，循环使用次数也比三元锂电池高，达到 3000 次	展示 / 拓展要点： ① 刀片电池超级安全； ② 刀片电池循环使用 3000 次
	健康安全	秦 PLUS DM-i 配备了 PM 2.5 绿净系统、CN95 高效滤网，可以实现远程高温消毒杀菌	展示 / 拓展要点： ① CN95 高效滤网； ② 远程高温消毒杀菌； ③ PM 2.5 绿净系统
性能	快	秦 PLUS DM-i 零百加速为 7.3 s，相当于 BBA 的 2.0T 高功率动力	展示 / 拓展要点： ① 7.3 s 零百加速； ② 相当于 BBA 的 2.0T 高功率动力
	省	秦 PLUS DM-i 配备快充，搭载超大容量的刀片电池，纯电续航达到 120 km，而且可油可电，综合续航超 1245 km，日常通勤 0 油耗，短途用电，长途用油，且亏电油耗仅为 3.8 L	展示 / 拓展要点： ① 3.8L 亏电油耗； ② 短途用电，长途用油
	静	车辆以纯电行驶为主，只有在高速行驶和急加速的时候发动机才参与驱动，所以秦 PLUS DM-i 的驾驶感受相当于一台纯电动车；由超过 30 年经验的前雷诺 NVH 专家张强博士负责开发设计	展示 / 拓展要点： ① 纯电动车的驾驶感受； ② 超过 30 年经验的前雷诺 NVH 专家张强博士负责开发设计
	顺	秦 PLUS DM-i 搭载了比亚迪最新研发的 EHS 变速系统，用电控策略代替传统的变速箱，达到无极换挡的平顺体验	展示 / 拓展要点： 无极换挡的平顺体验
行驶模式	EV	纯电行驶，相当于一台纯电车	展示 / 拓展要点： EV 模式下相当于纯电车
	HEV 串联	发动机带动发电机高效发电，驱动电机高效驱动	展示 / 拓展要点： ① 发动机发电； ② 驱动电机高效驱动
	HEV 并联	发动机和电动机同时发力给车轮，达到动力最强模式	展示 / 拓展要点： ① 发动机和电动机同时发力； ② 动力最强
	燃油直驱	高速时利用发动机的高效区间，发动机直接驱动车辆行驶，没有挡位变换，平顺省油	展示 / 拓展要点： ① 利用发动机的高效区间； ② 平顺省油

续表

环节	核心点	秦 PLUS DM-i 车型介绍参考话术	推荐要点
智能	智能标杆	秦 PLUS DM-i 搭载了比亚迪全新的 Di Link3.0 系统，拥有行业内最大屏占比的 12.8 英寸 8 核自适应旋转大屏，兼容百万应用，在上面刷抖音、聊微信、玩游戏都没有问题；另外，我们的中控屏还可以根据显示需要调整横屏、竖屏状态，您可以体验感受一下！ 科大讯飞定制智能语音交互，拥有行业首创声源定位、免唤醒等超强功能，我带您具体体验一下。 您有没有遇到过忘带钥匙的情况？拥有咱们这台车之后，您完全不用担心，它搭载了云服务功能，用手机就可以实现远程解锁上锁、远程开启空调、实时监测车辆状态等强大功能，而且具备 NFC 功能，即便手机没电了也能打开车门	展示 / 拓展要点： ① 12.8 英寸； ② 旋转屏幕； ③ 智能语音交互； ④ 声源定位； ⑤ 免唤醒； ⑥ 手机 NFC

工作页

学校名称		任课教师	
班　　级		学生姓名	
学习项目	产品介绍	学习时间	
学习任务	产品性能介绍法	学习地点	理实一体化教室

1. 完成下列判断题

（1）客户在考察一款车时，其重点关注的因素有品牌、外形、安全性、动力性、操控性、舒适性、经济性、性价比、售后服务和保值率等。（　　）

（2）汽车销售顾问使用产品性能介绍法的条件是销售顾问与用户有更深度的沟通，已掌握了用户的基本需求，能有针对性地结合以上要素有重点、有主次地介绍车型。（　　）

（3）汽车品牌的历史与荣耀、该品牌的故事与口碑、该车型的历史演变、销量与评价都是客户对于品牌方面感兴趣时可以介绍的内容。（　　）

（4）销售顾问不需要针对用户对产品的独特需求进行专项的介绍。（　　）

（5）销售顾问要针对客户关注的性能部分进行专题重点介绍。（　　）

（6）在涉及客户所提竞品的特点时，销售顾问要进行专项对比，将该车型的性能优势介绍清楚。（　　）

2. 完成下列选择题

（1）介绍知名的设计师或设计单位、外部造型的风格与特色、可选的颜色等内容都属于（　　）性能介绍。

A. 历史　　B 外观　　C. 外形　　D. 风格

（2）安全性能介绍大致包括（　　）和（　　）两个方面。

A. 主动安全　　B. 被动安全　　C. 预防安全　　D. 辅助安全

（3）发动机排量、续航里程、百公里提速时间、最大功率、最大扭矩等性能属于（　　）。

A. 操控性　　B. 动力性　　C. 经济性　　D. 安全性

3. 选择汽车品牌的某个新能源车型，分别写出客户对于产品性能关注点的2个卖点、介绍话术及行为动作

表 6-2-2　客户关注的产品性能的介绍话术及动作设计

客户关注的产品性能	产品卖点	介绍话术及动作设计
外形		
动力		
安全		
操控		
舒适		
科技		
品牌		

任务三　产品介绍技巧

6-3-1　FABE 介绍技巧　　6-3-2　构图讲解技巧　　6-3-3　道具展示法

信息页

学习项目	产品介绍	学习时间	30 min
学习任务	产品介绍技巧	学习地点	理实一体化教室

汽车销售顾问仅掌握基本的产品介绍方法是不够的，还需要学会运用一些常见的介绍技巧。优秀的销售顾问不仅对产品要非常熟悉，而且要懂得如何激发客户对产品的兴趣与好奇，最终取得客户的好感和信任。下面我们来介绍三种常见技巧。

一、FABE 产品介绍法

（一）FABE 产品介绍法的概念

FABE 产品介绍法（也称四段论介绍法）就是将产品的特征和配置（Feature）表述清楚，并加以解释、说明，从而引出它的优势和好处（Advantage）及可以带给客户的利益（Benefit），并适时地展示足以让客户致信的证据（Evidence），进而使客户产生购买动机。

1. Feature（特征、特色、卖点）

Feature 指所销售车辆的独特设计、配置、性能特征；也可以是材料、颜色、规格等用眼睛可以观察到的事实状况。

2. Advantage（好处、优势）

Advantage 指将商品的特征与因这些特征带来的好处进行详细的说明，必须考虑商品的优势、好处是否能真正带给客户利益。

3. Benefit（利益）

Benefit 是指产品的特性和好处能带给客户哪些方面的利益。通过销售员的介绍，将客户所关心的利益表达出来，从而引起客户的共鸣。

4. Evidence（证据）

Evidence 也就是要找到能让客户相信的证据。证据可以是证明书，照片，报纸、杂志的报道，其他客户的证明、录音、录像等，通过这些方式，使客户更加坚信销售顾问的介绍，从而促成销售。另一种使用的办法就是将这些资料转化成客户所能感受的场景，通过销售顾问的描述引导客户想象在这种场景下车辆的这项功能给客户所带来的好处和利益。

FABE 产品介绍法就是通过对产品特征和性能的介绍，让客户了解这些特征带来的好处和优势，同时引申出对客户而言所能带来的利益，以引起客户的共鸣，接着展示足以让人相信的证据，从而坚定客户购买的决心。这样客户不仅不会产生抵触情绪，而且还会觉得你完全站在他的角度，是为他着想，帮助他解决问题，从而让客户很容易接受、认同。

（二）应用 FABE 产品介绍法的注意点

（1）正确运用四段论介绍方法；

（2）要求销售顾问对汽车的相关知识有充分的了解；

（3）不要将所有的特征通通说明，而是根据客户所关心的利益重点部分的有关特征加以强调；

（4）说明商品特征带来的好处时，应多用增加、提高、减少、降低等话语，来有效地表明商品特征带来的好处；

（5）在描述客户利益时，一定要具体、生动、准确，用词要有丰富的感情色彩，以客户的感觉为中心，充分调动客户的情感；

（6）提出证据时一定要可靠、准确，多用数字化词语，要实事求是，切勿夸大其词。

FABE 产品介绍法也可以称为“寓教于售”的销售原则。客户需要在由潜在客户转变为真实车主的过程中不断学习，达到与所选择车辆的生产者、销售者对车辆认识的统一，而销售顾问在整个介绍过程中，应让客户感到其销售的不仅仅是一辆车，而且还为客户提供了一种崭新的观念、一个成熟的想法、一套合理的方案。

FABE 产品介绍法还有一种更为巨大的潜能，它可以引导客户的消费方向，也可称之为“使用价值导向”。运用产品介绍法则，使客户更加了解车辆给他们带来的好处，从而激发客户的购买欲望。

二、构图讲解法

客户在决定购车的时候，会在潜意识里勾画出他拥有汽车之后会是一种什么样的场景，然后根据这一场景和图画来作判断。客户会在他的潜意识中，描绘他理想中车辆的颜色、外形、内部装饰、空间等内容。因此，销售顾问要想将车辆销售出去，就必须了解客户心中的这幅图画，并且通过自己的介绍，描绘一幅更美丽的图画，以此来达到有效刺激客户购买欲望的目的。

（一）采用构图讲解法的好处

构图讲解法能给客户留下深刻的印象；能增加客户的参与感，引起客户的共鸣；让客户容易明白；能吸引客户注意力，激发客户的购买欲望。

（二）构图讲解法应用的三个时机

1. 叙述功能的时候

销售顾问在介绍汉 EV 的 HiFi 级定制丹拿音响最高输出功率可达 775 W，打造“移动的私人音乐厅”时可以说：“汉 EV 配备的这款丹拿音响，不论高音还是低音都能完美呈现，让您有一种亲临交响音乐会现场的感觉，当您在驾车途中，遇到堵车心烦的时候，打开音响，让轻柔的乐曲在心间流淌，让您的身心沐浴在动人的旋律之中，心中的烦恼再也找不到了……”

2. 车辆使用过程中

销售顾问在介绍中控屏时，可以这样说：“秦 PLUS DM-i 搭载了比亚迪全新的 Di Link3.0 系统，拥有行业内最大屏占比的 12.8 英寸 8 核自适应旋转大屏，兼容百万应用，在上面刷抖音、聊微信、玩游戏都没有问题；另外，我们的中控屏还可以根据显示需要调整横屏、竖屏状态，您可以体验感受一下！科大讯飞定制智能语音交互，拥有行业首创声源定位、免唤醒等超强功能，我带您具体体验一下。您有没有遇到过忘带钥匙的情况？拥有咱们这台车之后，您完全不用担心，它搭载了云服务功能，用手机就可以实现远程解锁上锁、远程开启空调、实时监测车辆状态等强大功能，而且具备 NFC 功能，即便手机没电了也能打开车门。”

3. 突出车辆特性的时候

在突出车辆安全特性时销售顾问可以说："人的生命只有一次，汽车固然只是一个交通工具，但对于您的家人来说，您开车在外，最重要的就是安全，如果一辆车安全性差，会让您的家人多么担心啊！秦 PLUS DM-i 被称为公里坦克使用 1180 DP 前防撞钢梁，关键部位使用热成型钢，在国内量产车排在第一梯队。不但能给您最安全的保障，同时，也能让您的家人安心，即使你出差在外，家人也很放心……"

（三）构图讲解法应用的要点

销售员在进行构图讲解法的过程中，首先要把握客户的心理，了解客户心中的那幅图画都有些什么内容，有多美，然后才能根据自己所销售的产品，提炼出有针对性的销售主题，然后构造一个应用的情景，最后将这个主题与情景搭配起来，连缀成一个故事或生活场景。通过这种方法，可为客户营造出一幅幸福、美满的图画，让客户觉得这个生活场景比他心中的那幅图画更美、更动人，从而激起客户对这幅美丽图画的向往，使客户自愿接受你的产品介绍，并最终购买你的产品。

三、道具演示法

（一）道具演示法概念

道具演示法是为了让车辆介绍更加逼真、生动，利用一些相关道具边演示边介绍的方法。

（二）应用道具演示法的技巧

道具的选择要巧妙，让客户意想不到，最主要的是要通过道具吸引客户的注意力，唤起客户的想象力，激发客户的好奇心，给客户留下深刻的印象；在具体实施的过程中，注意语言、手势动作与道具的应用要协调，表情要自然、逼真，让客户觉得真实可信；道具演示法一般是在客户无法理解产品特性的情况下采用的方法，因此，要根据产品的特性，决定是否采用道具演示法和采用什么道具来进行演示。

工作页

学校名称		任课教师	
班　　级		学生姓名	
学习项目	产品介绍	学习时间	
学习任务	产品介绍技巧	学习地点	理实一体化教室

1. 完成下列判断题

（1）汽车销售顾问掌握了基本的产品介绍方法就够用了，不需要学会运用一些常见的介绍技巧。（　　）

（2）优秀的销售顾问不仅对产品要非常熟悉，而且要懂得如何激发客户对产品的兴趣与好奇，最终取得客户的好感和信任。 （ ）

（3）FABE 产品介绍法就是通过对产品特征和性能的介绍，让客户了解这些特征带来的好处和优势，同时引申出对客户而言所能带来的利益，以引起客户的共鸣，接着展示足以让人相信的证据，从而坚定客户购买的决心。

（4）在描述客户利益时，一定要具体、生动、准确，用词要有丰富的感情色彩，以客户的感觉为中心，充分调动客户的情感。 （ ）

（5）客户在决定购车的时候，会在潜意识里勾画出他拥有汽车之后会是一种什么样的场景，然后根据这一场景和图画来做判断。 （ ）

（6）道具演示法就是为了让车辆介绍更加逼真、生动，利用一些相关道具边演示边介绍。 （ ）

2. 完成下列选择题

（1）（ ）是指所销售车辆的独特设计、配置、性能特征；也可以是材料、颜色、规格等用眼睛可以观察到的事实状况。

A. Feature（特征、特色、卖点） B. Advantage（好处、优势）

C. Benefit（利益） D. Evidence（证据）

（2）（ ）将商品的特征与因这些特征带来的好处进行详细的说明，必须考虑商品的优势、好处是否能真正带给客户利益。

A. Feature（特征、特色、卖点） B. Advantage（好处、优势）

C. Benefit（利益） D. Evidence（证据）

（3）（ ）就是指产品的特性和好处能带给客户哪些方面的利益。通过销售员的介绍，将客户所关心的利益表达出来，从而引起客户的共鸣。

A. Feature（特征、特色、卖点） B. Advantage（好处、优势）

C. Benefit（利益） D. Evidence（证据）

（4）（ ）也就是要找到能让客户相信的证据。

A. Feature（特征、特色、卖点） B. Advantage（好处、优势）

C. Benefit（利益） D. Evidence（证据）

（5）构图讲解法应用的三个时机是（ ）。

A. 叙述功能的时候 B. 车辆使用过程中

C. 突出车辆特性的时候 D. 适合的时候

3. 请阐述一下 FABE 介绍法

4. 请写出 AEB 自动紧急制动、ACC 自适应巡航、LDW 车道偏离预警、LKS 车道保持辅助、TPMS 胎压监测等配置的 FABE 介绍技巧话术

表 6-3-1　FABE 介绍技巧话术

产品介绍技巧		话　　术
FABE 技巧	F	
	A	
	B	
	E	

项目考核

一、展厅客户产品介绍任务

客户张先生与张太太第一次来到比亚迪销售展厅，销售顾问通过需求分析后了解到夫妻俩对汉 EV 非常有兴趣，想对此车型进行更多了解。

（1）学生通过情景模拟、角色扮演对汽车产品介绍方法和技巧进行实操训练。

（2）学生分成 4 个小组，每个小组为一个销售团队，由组长带领组员进行任务分析、角色安排、话术准备、情景练习，保证每个同学都有工作安排且每个同学都要担任一次客户角色和销售顾问角色。

（3）小组学生对客户购车需求进行分析和预设后，小组成员一起综合运用产品介绍方法和技巧编写推荐车型产品介绍情景的脚本。

（4）在演练中，用产品介绍考核表进行考核，每结束一位学生的演练，组长需要组织组员进行讨论互评，教师负责时间控制、进度管理、结果复核。

二、任务实施脚本

表 6-3-2　汽车产品介绍方法和技巧实操表

任务内容	客户张先生与张太太第一次来到比亚迪销售展厅，销售顾问通过需求分析后了解到夫妻俩对汉 EV 非常有兴趣，平时车辆使用率不高，在购车方面主要的需求是上下班和接送小孩，周末也只在城市道路行驶，本次来展厅是想对此车型进行更多了解			
客户画像				
时间	位置	人物	话术及动作	注意事项
		客户		
		销售顾问		
		客户		
		销售顾问		
		客户		
		销售顾问		
		客户		
		销售顾问		
		客户		
		销售顾问		
		客户		
		销售顾问		
		客户		
		销售顾问		
		客户		
		销售顾问		

三、任务评价表

表 6-3-3　产品介绍考核表

姓 名						
评价要素	评价内容	分值	得分		要素分值	得分
			自评	互评		
职业素养	着统一的商务装，符合形象礼仪	5			25	
	有主动进行沟通的意识和动作	5				
	交流始终面带微笑，神情专注亲和	5				
	语言表达符合销售礼仪要求	5				
	能执行展厅展车管理要求	5				
产品	品牌文化与标志	5			45	
	外观设计	5				
	安全配置	5				
	动力性能	5				
	智能科技	5				
	舒适空间	5				
	行驶模式	5				
	操控特点	5				
	内饰功能	5				
功能展示	介绍指引手势	5			30	
	相应功能操作展示	5				
	关注客户意向并及时响应	5				
	展示辅助介绍资料	5				
	邀请客户参与动手体验	5				
	邀约客户进行试乘试驾	5				
评价权重（%）			40	60	100	
评价各主体分数小结						

巩固拓展

（1）请小组课后完善统计并分析任务实施中产品介绍考核表的相关数据，并根据评价表进行自我反思的提升。

（2）进行下一次教学任务的课前微课学习安排，通过信息化平台进行课前任务进度管理及课前学习情况分析。

（3）新任务迁移：其他品牌车型产品介绍以及产品性能对比。

学生小组合作制订任务计划安排，分配组员进行收集其他品牌（不少于三个汽车品牌）产品相关信息。学生收集与汉 EV 车型售价相近、车型风格相似、目标客户群体相同的汽车品牌车型相关参数、卖点、口碑等内容，制作成表格资料上交教师检查。

项目七

试乘试驾

学习目标

1. 知识目标

（1）掌握试乘试驾的流程步骤。

（2）掌握各阶段试乘试驾的标准行为和要点。

2. 能力目标

（1）能够演示试乘试驾流程的主要步骤。

（2）能够进行试乘试驾常用话术的编写和展示。

3. 素质目标

（1）培养主动学习的意识，养成自主探究的学习习惯。

（2）树立严谨认真的职业态度，培养安全意识。

思政目标

（1）试乘试驾是汽车产品介绍的动态展示，通过学习试乘试驾流程及相关要求，树立职业岗位标准流程工作意识，培养仔细认真、善于观察的职业习惯。

（2）比亚迪汽车销售试乘试驾流程让学生了解新能源汽车动态介绍的特点，进一步了解新能源汽车优势，增加对新能源汽车的产品信心和品牌信心。

（3）关注试乘试驾环节注意事项，培养安全行车、文明行车理念，树立社会主义核心价值观。

情境描述

客户张先生与张太太通过前次对汉 EV 的了解后，想进行试乘试驾体验。如果你是销售顾问，你知道如何进行试乘试驾吗？同时，在试乘试驾中，你知道该怎样充分体验车辆性能吗？

<table>
<tr><td>项目名称</td><td>试乘试驾</td></tr>
<tr><td>小组成员</td><td></td></tr>
<tr><td>负责人</td><td></td></tr>
<tr><td>时　间</td><td></td></tr>
<tr><td colspan="2">情境描述：
客户张先生与张太太通过前次对汉 EV 的了解后，想进行试乘试驾体验。如果你是销售顾问，你知道如何进行试乘试驾吗？同时，在试乘试驾中，该怎样充分体验车辆性能呢？</td></tr>
<tr><td colspan="2">安排角色扮演及材料收集情况记录：</td></tr>
<tr><td colspan="2">安排完成情况记录：</td></tr>
<tr><td>小组负责人：</td><td>完成时间：</td></tr>
<tr><td colspan="2">教师评价：</td></tr>
</table>

项目分析

试乘试驾是客户体验汽车产品性能最有效的方式，关系到能否顺利成交。汽车销售顾问应考虑到客户的实际需求及所关心的问题，提供专业的讲解，从而为最后的成交打下基础。

试乘试驾的流程在各个汽车品牌中是基本相同的。整个流程分为试乘试驾前准备 — 客户试乘 — 客户试驾 — 试乘试驾结束四部分，全程由销售顾问陪同（即使有试乘试驾专员，销售顾问也要参与），其中试乘部分由试乘试驾专员或销售顾问驾驶，试驾部分由试乘试驾专员或销售顾问负责主要讲解，整个过程销售顾问负责辅助讲解，并记录客户的需求。

任务实施

任务一　试乘试驾准备

7-1-1　试乘试驾准备理论　　　　7-1-2　比亚迪试乘试驾准备实操

信息页

学习项目	试乘试驾	学习时间	30 min
学习任务	试乘试驾准备	学习地点	理实一体化教室

在进行试乘试驾之前，销售顾问需要做好各项准备工作。表 7-1-1 中介绍了试乘试驾前准备的基本内容以及操作要求。

表 7-1-1　试乘试驾准备

操作步骤	操作要求
第一步：邀请	（1）销售顾问需主动邀请客户当场进行试乘试驾体验，如客户正在考取驾驶证 / 未带驾驶证 / 是刚拿证新手等不适合试驾的情况，应主动提供试乘。 （2）对于首次邀请客户未立即接受也未明确拒绝的，在客户离店前要进行第二次邀请
第二步：准备资料	（1）试乘试驾路线图； （2）试乘试驾协议书； （3）试乘试驾意见调查表； （4）试乘试驾试音碟
第三步：车辆检查	（1）配备专用的试乘试驾车辆。 （2）车辆内、外整洁，无垃圾及明显脏污，脚垫按要求铺设整齐。 （3）客户上车前依据天气情况将空调温度调至合适温度（22 ~ 26 ℃），客户上车后询问客户温度是否合适。 （4）车辆油量 / 电量充足（综合续驶里程不低于 150 km，混动车型纯电续驶里程不低于 30 km）。 （5）车辆各项功能正常

续表

操作步骤	操作要求
第四步：审核证件	（1）请客户出示本人合法有效身份证件和驾驶证件。 （2）注意发证机关、有效期、准驾车型（C1 及 C1 以上）、驾龄（一年或一年以上）。 （3）留下相关有效证件，试车完毕后退回
第五步：签协议书	（1）请客户在《试乘试驾协议书》上签名。 （2）提醒客户写明驾驶证号、联系人、电话号码、时间，请客户再次核对驾驶证号
第六步：路线图说明	（1）准备至少两条试乘试驾路线且预先规划形成示意图（海报形式或手机电子版），向客户展示说明，供客户选择，试乘试驾总路线长度不低于 5 km。 （2）向客户说明试乘试驾安全注意事项
第七步：提醒客户填写意见表	（1）提醒客户在试乘试驾结束后回展厅填写试乘试驾意见表。 （2）告知有礼品相赠

一、邀请试乘试驾

在展厅为客户进行车辆静态介绍时，往往会引起客户在情感上的冲动，比如兴奋、怀疑等，此种情况下可以适时邀请客户做试乘试驾体验，以增强客户信心或消除客户疑虑。可以采用以下列举的邀请语言：

“×× 先生 / 女士，您好！我是本店的首席产品体验官 ×××，在试驾之前，麻烦您把您的驾照出示一下，我们这边帮您办理一下试驾手续。”

图 7-1-1　邀请客户试乘试驾

二、试乘试驾的时间、路线

在做试乘试驾邀请时，为了打消客户对时间、线路等方面的顾虑，销售顾问需要预先告知客户这些信息。可以采用以下的介绍方式：

“我们已经为您准备好了您所关注的试驾车型，并挑选了两条比较适合试车的路线，全长大约都为 5 km，大概只需要 15 分钟，根据需求您可以选择一条适合您的路线；等一下我会先开一圈，以便您熟悉车辆的性能特点和路线；等到了换乘点之后，您就可以亲自驾驶这辆车了。”

工作页

学校名称		任课教师	
班　　级		学生姓名	
学习项目	试乘试驾	学习时间	
学习任务	试乘试驾准备	学习地点	理实一体化教室

1. 请完成下列判断题

（1）销售顾问需主动邀请客户当场进行试乘试驾体验，如客户正在考取驾驶证 / 未带驾驶证 / 是刚拿证新手等不适合试驾的情况，应主动提供试乘。（　　）

（2）对于首次邀请客户未立即接受也未明确拒绝的，在客户离店前不需要进行第二次邀请。（　　）

（3）配备专用的试乘试驾车辆，车辆内、外整洁，无垃圾及明显脏污，脚垫按要求铺设整齐。（　　）

（4）车辆油量 / 电量充足（综合续驶里程不低于 150 km，混动车型纯电续驶里程不低于 30 km）。（　　）

（5）请客户出示本人合法有效身份证件和驾驶证件，注意发证机关、有效期、准驾车型（C1 及 C1 以上）、驾龄（一年或一年以上）。（　　）

2. 完成下列选择题

（1）试乘试驾准备资料包括（　　）。

A. 试乘试驾路线图　　B. 试乘试驾协议书

C. 试乘试驾意见调查表　　D. 试乘试驾试音碟

（2）客户上车前依据天气情况将空调温度调至合适温度（　　），客户上车后询问客户温度是否合适。

A. 22 ~ 26 ℃　　B. 25 ~ 28 ℃　　C. 18 ~ -25 ℃

（3）准备至少（　　）条试乘试驾路线且预先规划形成示意图（海报形式或手机电子版），向客户展示说明，供客户选择，试乘试驾总路线长度不低于 5 km。

A. 1　　B. 2　　C. 3　　D. 4

3. 请针对不同渠道的客户进行试乘试驾邀约的话术编写并进行情景模拟角色扮演练习

表 7-1-2　试乘试驾邀约话术编写

邀约方式	试乘试驾邀约话术
展厅邀约	
电话邀约	
网络（微信、短信、邮件）邀约	
其他	

4.写出试乘试驾前销售顾问需要准备的三个方面要点及具体要求的关键词后，结合实训条件进行演练前的准备

表 7-1-3　试乘试驾准备要求

工作内容	操作要点	具体要求
试车试驾前准备	车辆准备	
	文件准备	
	人员准备	

任务二　客户试乘

7-2-1　客户试乘理论

7-2-2　比亚迪试乘试驾协议

信息页

学习项目	试乘试驾	学习时间	30 min
学习任务	客户试乘	学习地点	理实一体化教室

销售顾问请客户填写好试乘试驾协议后，安排客户先试乘后试驾，若有试乘试驾专员，则应向客户介绍试乘试驾专员。在客户试乘过程中，试乘试驾专员示范驾驶，根据路线的不同路况特性进行重点的动态说明和演示。

图 7-2-1　客户进行试乘

具体操作步骤及要求见表 7-2-1。

表 7-2-1　客户试乘引导流程

操作步骤	操作要求
第一步： 引导客户到车旁	（1）若当时试乘试驾车辆正在被其他客户使用，汽车销售顾问应请客户在展厅稍等，并提供茶水饮料或杂志等，供客户休息和消遣。 （2）试乘试驾过程中销售 / 试驾员主动为客户开关车门或为客户播放舒心的音乐

续表

操作步骤	操 作 要 求
第二步： 静态展示	（1）请客户入座副驾驶及后排，协助客户完成座椅调节及系好安全带。 （2）进行车内空间和布局展示（静态介绍），如座椅调节、转向盘调整、空间宽敞度、仪表台布局、座椅舒适度、空调舒适度、音响效果等。 （3）混动车型启动后请客户留意听，点火启动后声音沉稳，怠速情况下发动机安静无抖动。 （4）主动为客户讲解并演示说明以下配置亮点（至少 2 项）：NFC 车钥匙、遥控驾驶、云服务、远程启动、迎宾座椅等
第三步： 客户试乘	（1）再次向客户介绍整个试乘试驾过程的路线、行程、时间、规定时速及体验点。 （2）针对驾驶技术不熟练的客户，要给其做示范驾驶。 （3）动态介绍行驶中的感受重点：起步、加速、制动、匀速、转弯等。 （4）客户试乘时，销售 / 试驾员应积极与客户沟通，可以介绍车辆卖点，可以结合客户背景与客户一起憧憬购车后的美好用车生活，不可出现超过 1 min 冷场不主动与客户讲话的情况。 （5）若客户有明确体验关注点，优先满足客户体验关注；如客户无体验关注点，结合具体车型的独特卖点向客户演示，让客户感受并说明其优势（每个亮点展示要做到：向客户演示 + 演示后有不低于 15 s 的优势 / 利益说明）

一、静态展示前 App 功能介绍

“在试驾之前，首先为您介绍一下我们的云服务功能，为了您一会儿上车感觉舒适，我先将车内的空调打开。我们的云服务功能可以远程解锁车辆，您的车需要临时挪车或借给朋友的时候，特别方便。我们的云服务功能也可以远程开启后备厢，您要是有快递送到家，恰巧您又不在家的话，这个功能也特别适用。而这个闪灯鸣笛功能，主要是考虑到如果您在大型停车场找不到车的情况。”

“我们的汉 EV 搭载了全球首创的遥控驾驶功能，用手机就可以启动遥控车辆，按照 App 界面的指示方向进行就可以实现车辆的遥控驾驶。当停车车位窄，车门被别的车卡住打不开时，或者下雨天地面积水无法上车时，遥控驾驶功能就非常方便。而 TSL 和 XP 只能用车钥匙遥控，不能左右遥控。”

“我们的车门一共有 4 种打开方式，您可以通过云服务远程开启（云服务近距离是通过蓝牙连接），也可以通过电子车钥匙开启，如果钥匙没电了也可以通过应急小钥匙开启，另外我们的 NFC 技术将车钥匙装入手机，您只需拿着手机一刷就能解锁、启动车辆，即使在无电、无网的状态下，也能正常使用，可以完全取代传统车钥匙。目前 TSL 的 NFC 功能需要一个卡片，非常不方便，由于它的手机只能使用蓝牙钥匙，一旦手机没电，是无法打开车门的。”

“我来帮您调节一下座椅，这样您坐着更舒服一些；这是安全带，为了您的安全，我帮您系一下（如提醒客户自己系，也可以）。”

“汉 EV 配置了主副驾驶座椅与方向盘迎宾功能，只需要打开车门座椅和方向盘就会自动腾出位置，方便进出。”

二、起步加速

在展示前应先向客户说明，待操作结束时，再和客户交流感受。

“接下来我要演示车辆的原地起步加速，在这个过程中，您可以体验车辆的起步加速能力。”

“汉 EV 性能版的双擎四驱能最大提供 680 N·m 的扭矩，0 ~ 100 km 加速仅需 3.9 s。深踩油门，就可以体验到飞机起飞一样的推背感，这是只有顶级跑车才能体验到的，为了您的安全，我一会儿给您开到 60 km 的时速就停止加速。”

三、直线行驶

“车机采用 Di Link3.0，采用的是安卓系统，开放平台，可以任意下载 App，在上面刷抖音、聊微信、玩游戏都没有问题；另外，我们的中控屏还可以根据显示需要调整横屏、竖屏状态，您可以体验感受一下！与科大讯飞定制智能语音交互，拥有行业首创童声识别、声源定位、免唤醒等超强功能，我带您具体体验一下。另外，我们的音响系统采用的是与劳斯莱斯相同的 Dirac 技术，我给您播一首歌曲，您体验一下。”

“由于汉 EV 的 NVH 是由前雷诺专家张强博士负责的，并且车门是三层密封，主副驾驶采用的是双层玻璃，所以它的隔音效果特别好，我拿分贝测试仪给您演示一下。”

“为了防止开车溜号产生车道偏离，您可以开启车道偏离预警功能；您在跑高速的时候，可以把车道保持功能开启，就不用一直紧握着方向盘旋转了，可以节省很多精力；我给您演示一下智能领航系统吧。”

四、紧急制动

“汉 EV 的制动距离仅有 32.8 m，这个成绩已经达到了全球量产车前三名。制动距离越短，咱们车辆的安全性就会越高，这个优异的成绩主要得益于我们采用的最新 IPB 智能集成控制系统与赛车级布雷博卡钳，IPB 能够在 150 ms 内达到最大制动力，比人眨眼的速度还要快。另外，我们的 IPB 包含 CST 舒适制动系统，急刹车的时候可以减少点头的情况，提升刹车时候的舒适性。我们的 IPB 系统比其他新能源车的 ibooster 系统要领先一代，一会儿我刹车的时候给您对比演示一下 CST 开启和关闭的区别，即使是在湿滑路面，我的双手离开方向盘也不用担心。另外，我们的能量回收有标准和较大两种选择，而 TSL 只有较大回馈，开车的时候舒适性会有较大区别，我给您对比试驾一下这两个功能的区别。”

五、坏路通过

“我们的底盘是由前奔驰 S 级底盘调校大师汉斯先生及其团队研发调校，配合智能电四驱，响应速度快，麋鹿测试成绩达到领先的 80 km，中大型轿车排名第一，操控性能超越 BBA，无论是紧急避让，转弯，都有着极佳的表现！”

“路况复杂时，容易出现剐蹭的情况，360° 全息透明影像系统，开车时没有视线死角，连车辆底部道路、前后左右都看得清清楚楚，即使是新手也能轻松应对。（上车调出 3D 全息透明影像系统，展示 3D 显示效果）”

六、泊车功能

“汉 EV 支持 APA 全场景自动泊车，它由雷达和摄像头配合完成，经过停车位时，雷达会自动扫描空位，在车上为您规划好停车位供您选择，您只需一键同意就行了。APA 全场景泊车还支持无车位线两车间车位识别、自定义车位等，比很多豪车更智能便利。（TSL 的自动泊车依靠摄像头完成，所以依赖泊车线，如果没有泊车线就不能完成泊车）”

工作页

学校名称		任课教师	
班　　级		学生姓名	
学习项目	试乘试驾	学习时间	
学习任务	客户试乘	学习地点	理实一体化教室

1. 完成下列判断题

（1）若当时试乘试驾车辆正在被其他客户使用，汽车销售顾问应请客户在展厅稍等，并提供茶水饮料或杂志等，供客户休息和消遣。（　　）

（2）试乘试驾过程中销售 / 试驾员主动为客户开关车门或为客户播放舒心的音乐。（　　）

（3）在静态展示时请客户入座副驾驶及后排，协助客户完成座椅调节及系好安全带。（　　）

（4）在客户试乘时再次向客户介绍整个试乘试驾过程的路线、行程、时间、规定时速及体验点。（　　）

（5）客户试乘时，销售 / 试驾员应积极与客户沟通，可以介绍车辆卖点，可以结合客户背景与客户一起憧憬购车后的美好用车生活，不可出现超过 1 min 冷场不主动与客户讲话的情况。（　　）

2. 完成下列选择题

（1）（　　）启动后请客户留意听，点火启动后声音沉稳，怠速情况下发动机安静无抖动。

A. 纯电车型　　B. 混动车型

（2）动态介绍行驶中的感受重点：（　　）转弯等。

A. 起步　　B. 加速　　C. 制动　　D. 匀速

（3）若客户有明确体验关注点，优先满足客户体验关注；如客户无体验关注点，结合具体车型的独特卖点向客户演示，让客户感受并说明其优势（每个亮点展示要做到：向客户演示 + 演示后有不低于（　　）的优势 / 利益说明）。

A. 15 s　　B. 20 s　　C. 25 s　　D. 30 s

3. 请参考汉 EV 的客户试乘话术进行整理编写并进行情景模拟角色扮演练习

表 7-2-2　客户试乘话术编写

关键点	客户试乘话术
引导客户到车旁	
静态展示	
客户进行试乘时	

任务三　客户试驾

7-3-1　客户试驾理论　　7-3-2　比亚迪试乘试驾实操

信息页

学习项目	试乘试驾	学习时间	30 min
学习任务	客户试驾	学习地点	理实一体化教室

客户试驾时，让客户自己体验车辆性能，汽车销售顾问或试乘试驾专员简要提醒体验重点和路线，试驾可根据客户的要求和客户实际的驾驶水平进行安排。

试驾通常是与试乘连续进行的，其引导流程见表 7-3-1。

表 7-3-1　客户试驾引导流程

操作步骤	操作要求
第一步：中途换乘	（1）到达预定换乘处，选择安全的地方停车，并将发动机熄火，取下钥匙； （2）销售 / 试驾员帮助客户进入驾驶位置，指导客户调节座椅、方向盘、外后视镜、挡位操作等，至少 3 项。 （3）销售顾问坐稳后，将车钥匙交给客户。 （4）在客户发动车辆前，提醒客户调节后视镜、系好安全带。 （5）请客户亲自熟悉车辆操作装备，如刹车、离合、油门。 （6）请客户再次熟悉试车路线，并提醒安全驾驶事项
第二步：客户试驾	（1）行车前提醒客户系好安全带，注意行车安全。 （2）针对不同路段重点引导客户体验车辆性能。 （3）注意观察客户的驾驶方式，控制客户驾驶的节奏。 （4）若客户有危险驾驶动作，及时提醒并在必要时干预

一、客户坐到驾驶位置后的静态介绍

先告知客户完成座椅调整、转向盘调整、后视镜调整以及系好安全带四项工作后，才能启动车辆。

二、客户试驾中的注意事项

在驾驶过程中的试驾专员或销售顾问应简要提醒客户体验的重点内容以强化客户感受。提醒客户注意安全，当客户有危险或违章的意图或行为时，果断采取制止措施并请客户在安全地点停车。同时向客户讲解保障安全的重要性，取得客户的理解，当试驾结束后由试驾专员或销售顾问驾驶车辆返回公司。

工作页

学校名称		任课教师	
班　　级		学生姓名	
学习项目	试乘试驾	学习时间	
学习任务	客户试驾	学习地点	理实一体化教室

1. 完成下列判断题

（1）到达预定换乘处，选择安全的地方停车并将发动机熄火，取下车钥匙。（　　）

（2）销售 / 试驾员帮助客户进入驾驶位置，指导客户调节座椅、方向盘、外后视镜、挡位操作等，至少 4 项。（　　）

（3）在客户发动车辆前，提醒客户调节后视镜、系好安全带。请客户亲自熟悉车辆操作装备，如刹车、离合、油门等。（　　）

（4）请客户再次熟悉试车路线，并提醒安全驾驶事项。（　　）

2. 完成下列选择题

客户试驾时要注意（　　）。

A. 行车前提醒客户系好安全带，注意行车安全

B. 针对不同路段重点引导客户体验车辆性能

C. 注意观察客户的驾驶方式，控制客户驾驶的节奏

D. 若客户有危险驾驶动作，及时提醒并在必要时干预

3. 请参考汉 EV 的资料进行客户试驾环节的话术编写并进行情景模拟角色扮演练习

表 7-3-2　客户试驾方式话术编写

关键点	客户试驾话术
中途换乘及静态展示	
客户进行试驾时	

任务四 试乘试驾结束

7-4-1 试乘试驾结束理论

7-4-2 试乘试驾注意事项理论

信息页

学习项目	试乘试驾	学习时间	30 min
学习任务	试乘试驾结束	学习地点	理实一体化教室

试乘试驾结束应与客户一同返回4S店，告知客户还需要填写试乘试驾意见表。这对于4S店及时获知客户对车辆产品的感受及满意程度再及时调整介绍方法、销售手法等是非常重要的一步。表7-4-1中具体说明了试乘试驾结束后需要做的各项工作。

表7-4-1 试乘试驾结束工作流程

操作步骤	操作细节
第一步：试乘试驾车停放	（1）试乘试驾结束前，主动向客户确认试乘试驾感受效果。 （2）询问客户是否需要继续体验。 （3）乘试驾车回到指定区域，按规定停放。 （4）环车一周检查车辆，确认外观。 （5）提醒客户点击短信链接进行试乘试驾效果问卷评价
第二步：邀请客户回展厅休息	（1）邀请客户回到展厅。 （2）请客户填写意见表。 （3）归还证件，表示感谢
第三步：适机促成成交	（1）回答客户需求重点和疑问。 （2）适机深入洽谈促成成交。 （3）若成交，就进行订单操作流程； （4）若未成交，作为潜在客户对待
第四步：送走客户	（1）赠送礼品。 （2）礼貌送客户到门口
第五步：交回车钥匙，做好登记	（1）交回车钥匙。 （2）填写试乘试驾登记表。 （3）洽谈完毕，客户离店后汇报车辆状况、油量，包括预警功能故障、卫生污点等

客户试驾刚结束时，对产品的热度尚未退却，此时对客户进行引导，可以较自然地促使客户成交。对暂时未成交的客户，要利用留下的相关信息，与客户保持联系。总之，对每一位客户均应自始至终保持热情，并感谢其参与试驾。具体的做法及技巧如下：

（1）当车辆停在指定区域后，销售顾问应首先下车，主动替客户开车门，防止客户的头部碰到车门，同时提醒客户是否有贵重物品遗忘在车上。

参考话术："××先生/女士您好，本次试乘试驾已经结束，不知您是否对各路段体验项目或试驾过程还有疑惑，是否需要继续体验？"

（2）邀请客户回到展厅，并立即帮客户递送茶水。

参考话术："先生，我们先回展厅休息一下。"

（3）在请客户填写试乘试驾意见表时，可以简单地说明理由，以及对客户的益处。当客户填写完试乘试驾意见书后，归还客户为准备试乘试驾留下的证件，并表示感谢。

参考话术："先生，感谢您试驾我们的汽车，为了给您提供更好的产品服务，希望您能给我们一些意见，这里有张意见表，麻烦您帮我一起完成一下。"

（4）根据客户试乘试驾的态度，再次解答客户提出的需求重点和疑问，并适时促成成交。

参考话术："我想这辆车非常符合您的要求，也希望您能成我们大家庭的一员，如果您对这辆车感觉满意，我们可以马上为您办理手续。"

（5）如果此次客户并没有决定签下订单，也要友好而遗憾地将客户送至展厅外。

参考话术："感谢您参与试驾，也期待您再次来到我们4S店。"

图 7-4-1　试乘中

工作页

学校名称		任课教师	
班　　级		学生姓名	
学习项目	试乘试驾	学习时间	
学习任务	试乘试驾结束	学习地点	理实一体化教室

1. 完成下列判断题

（1）试乘试驾结束前，主动向客户确认试乘试驾感受效果。（　　）

（2）销售顾问询问客户是否需要继续体验。（　　）

（3）客户乘试驾车回到指定区域，按规定停放。（　　）

（4）客户环车一周检查车辆，确认外观。（　　）

（5）销售顾问提醒客户点击短信链接进行试乘试驾效果问卷评价。（　　）

2. 完成下列选择题

（1）在邀请客户回展厅休息环节中要（　　）。

A. 邀请客户回到展厅　　B. 请客户填写意见表　　C. 归还证件，表示感谢

（2）在适机促成成交要（　　）。

A. 回答客户需求重点和疑问　　B. 适机深入洽谈促成成交

C. 若成交，就进行订单操作流程　　D. 若未成交，作为潜在客户对待

（3）交回车钥匙，做好（　　）登记。

A. 展厅客户流量表　　B. 试乘试驾登记表　　C. 客户来电登记表

3. 请参考汉 EV 客户试驾相关内容进行试乘试驾结束环节的话术编写并进行情景模拟角色扮演练习

表 7-4-2　客户试乘试驾结束话术编写

步骤	客户试乘试驾结束话术
试乘试驾车停放	
邀请客户回展厅休息	
适机促成成交	
送走客户	

项目考核

一、展厅客户产品介绍任务

客户张先生和张太太是一对三十岁左右的夫妻，他们第一次到店，想看看有无满足自己需求的车型，销售顾问先进行客户接待、需求分析及产品介绍，再对他们进行秦 PLUS DM-i 产品的试乘试驾环节的邀约，开始试乘试驾体验。

（1）学生通过情景模拟角色扮演进行汽车试乘试驾实操训练。

（2）4 个学生为 1 个小组，由组长带领组员进行任务分析、角色安排、话术准备、情景练习，保证每个同学都有工作安排且每个同学都要担任一次客户角色和销售顾问角色。

（3）小组学生对秦 PLUS DM-i 产品动态体验考核表内容进行试乘试驾体验讲解流程及内容准备后，小组成员一起编写试乘试驾演练的脚本。

（4）在演练中，用产品介绍考核表进行考核，每结束一位学生的演练，组长需要组织组员进行讨论互评，教师负责时间控制、进度管理、结果复核。

二、任务实施脚本

表 7-4-3　汽车试乘试驾实操表

<table>
<tr><td>任务内容</td><td colspan="4">客户张先生和张太太是一对三十岁左右的夫妻，他们第一次到店，想看看有无满足自己需求的车型，销售顾问进行客户接待、需求分析及产品介绍后，再对他们进行秦 PLUS DM-i 产品的试乘试驾环节邀约，开始试乘试驾体验</td></tr>
<tr><td>车辆准备</td><td colspan="4"></td></tr>
<tr><td>时间</td><td>位置</td><td>人物</td><td>话术及动作</td><td>注意事项</td></tr>
<tr><td rowspan="2">智驾系统录入</td><td></td><td>客户</td><td></td><td></td></tr>
<tr><td></td><td>销售顾问</td><td></td><td></td></tr>
<tr><td rowspan="2">比亚迪汽车 App</td><td></td><td>客户</td><td></td><td></td></tr>
<tr><td></td><td>销售顾问</td><td></td><td></td></tr>
<tr><td rowspan="2">线路选择</td><td></td><td>客户</td><td></td><td></td></tr>
<tr><td></td><td>销售顾问</td><td></td><td></td></tr>
<tr><td rowspan="2">迎宾功能</td><td></td><td>客户</td><td></td><td></td></tr>
<tr><td></td><td>销售顾问</td><td></td><td></td></tr>
<tr><td rowspan="2">手机 NFC 车钥匙</td><td></td><td>客户</td><td></td><td></td></tr>
<tr><td></td><td>销售顾问</td><td></td><td></td></tr>
<tr><td rowspan="2">调节座椅 / 系安全带</td><td></td><td>客户</td><td></td><td></td></tr>
<tr><td></td><td>销售顾问</td><td></td><td></td></tr>
<tr><td rowspan="2">第三代智能网联系统</td><td></td><td>客户</td><td></td><td></td></tr>
<tr><td></td><td>销售顾问</td><td></td><td></td></tr>
<tr><td rowspan="2">NVH</td><td></td><td>客户</td><td></td><td></td></tr>
<tr><td></td><td>销售顾问</td><td></td><td></td></tr>
<tr><td rowspan="2">加速体验</td><td></td><td>客户</td><td></td><td></td></tr>
<tr><td></td><td>销售顾问</td><td></td><td></td></tr>
<tr><td rowspan="2">变速体验</td><td></td><td>客户</td><td></td><td></td></tr>
<tr><td></td><td>销售顾问</td><td></td><td></td></tr>
<tr><td rowspan="2">驾乘体验</td><td></td><td>客户</td><td></td><td></td></tr>
<tr><td></td><td>销售顾问</td><td></td><td></td></tr>
<tr><td rowspan="2">试乘试驾后关怀</td><td></td><td>客户</td><td></td><td></td></tr>
<tr><td></td><td>销售顾问</td><td></td><td></td></tr>
<tr><td rowspan="2">试乘试驾反馈</td><td></td><td>客户</td><td></td><td></td></tr>
<tr><td></td><td>销售顾问</td><td></td><td></td></tr>
</table>

三、任务评价表

表 7-4-4　试乘试驾考核表

姓　名						
评价要素	评价内容	分值	得分		分值	得分
			自评	互评		
职业素养	着统一的商务装，符合形象礼仪	5			25	
	主动进行试乘试驾邀约	5				
	交流始终面带微笑	5				
	手续办理清晰解释到位	5				
	能执行展厅试驾车型的管理规定	5				
试乘试驾	对试乘试驾路线进行说明	5			45	
	对试乘试驾安全要求进行说明	5				
	车辆静态介绍	5				
	加速体验展示说明	5				
	平顺制动展示说明	5				
	驾乘体验展示说明	5				
	行驶模式展示说明	5				
	操控特点展示说明	5				
	内饰功能	5				
动作配合	介绍指引手势	5			30	
	相应功能操作展示	5				
	帮助客户进行座椅调整并提醒系好安全带	5				
	展示试乘试驾路线	5				
	换乘地点提醒并适时递交车钥匙	5				
	提醒客户回店进行意见表填写	5				
评价权重（%）			40	60	100	
评价各主体分数小结						

巩固拓展

（1）请小组课后完善统计并分析任务实施中试乘试驾考核表相关数据，并根据评价表进行自我反思和提升。

（2）进行下一次教学任务的课前微课学习安排，通过信息化平台进行课前任务进度管理及课前学习情况分析。

（3）新任务迁移：从网络上收集不同品牌对于试乘试驾环节的相关资料。

学生小组合作制订任务计划安排，分配组员进行收集其他品牌（不少于三个汽车品牌）的产品试乘试驾相关信息。学生收集与比亚迪车型售价相近、车型风格相似、目标客户群体相同的汽车品牌车型试乘试驾卖点、风评等内容，制作成表格资料上交教师检查。

项目八

异议处理

学习目标

1. 知识目标

（1）理解客户异议的含义和类型。

（2）熟悉客户异议处理的步骤。

（3）掌握客户异议处理的常用方法。

2. 能力目标

（1）熟练运用客户异议处理的方法及技巧，合理处理客户异议。

（2）尊重并理解客户产生异议的原因，培养热爱岗位、敬业工作的意识。

（3）提高沟通能力、观察能力、倾听能力、记录能力、分析能力，迅速排除客户顾虑，提高成交率，提升销售能力。

3. 素质目标

（1）培养学生思考问题、分析问题、解决问题的能力。

（2）建立与客户的友善关系，维护客户合法利益，尊重客户异议的权利，建立好与客户沟通的桥梁，给客户信任感。

思政目标

（1）以解决客户异议为切入点，培养学生以善维和，不恶意贬低竞品，培养良好的职业道德和心理素质，提高克服困难、处理突发事件、针对客户需求多方面进行竞品对比介绍的能力。

（2）以解决客户异议为己任，培养学生为人民服务的专业意识。

（3）让学生学会理解、包容、尊重他人，积极沟通，自信忠诚，培养学生耐心、专业、以人为本的敬业精神。

情境描述

客户张先生与张太太来到比亚迪销售展厅，销售顾问通过需求分析了解到夫妻俩对汉EV非常感兴趣，也对此车型进行了了解，但是对于是否购买还在犹豫，因为对产品有异议。如果你是销售顾问，你能否通过对异议的处理让客户消除后顾之忧？你会如何解答异议，增强客户的购买信心呢？

<table>
<tr><td>项目名称</td><td colspan="2">异议处理</td></tr>
<tr><td>小组成员</td><td colspan="2"></td></tr>
<tr><td>负责人</td><td colspan="2"></td></tr>
<tr><td>时　间</td><td colspan="2"></td></tr>
<tr><td colspan="3">情境描述：
客户张先生与张太太来到比亚迪销售展厅，销售顾问通过需求分析了解到夫妻俩对汉EV非常感兴趣，也对此车型进行了了解，但是对于是否购买还在犹豫，因为对产品有异议。如果你是销售顾问，你能否通过对异议的处理让客户消除后顾之忧？你会如何解答异议，增强客户的购买信心呢？</td></tr>
<tr><td colspan="3">安排角色扮演及材料收集情况记录：</td></tr>
<tr><td colspan="3">安排完成情况记录：</td></tr>
<tr><td colspan="2">小组负责人：</td><td>完成时间：</td></tr>
<tr><td colspan="3">教师评价：</td></tr>
</table>

项目分析

本次项目的内容是异议处理，将学习异议的含义和类型、处理客户异议的步骤、处理客户异议的常用方法与技巧三方面的内容，采用理实一体化进行教学，通过课前微课（理论 + 实操）预习、课中理论强化及实操演练、课后拓展练习，达到知识、技能、素养提升。

任务实施

任务一　客户异议定义和类型

8-1-1　异议处理知识　　　8-1-2　处理客户异议的时机

学习页

学习项目	异议处理	学习时间	30 min
学习任务	客户异议的定义和类型	学习地点	理实一体化教室

尽管销售顾问在整个销售过程中都做得很好，但客户在购买产品之前都会提出各种各样的异议，任何一个销售顾问都要随时做好心理准备和思想准备，善于分析和处理各种客户异议，唯有客户异议得到妥善处理，销售才能进入下一个阶段。

一、客户异议的概念

客户异议就是客户对车型服务、销售人员及销售方式和交易条件产生的怀疑抱怨或反对意见。客户异议存在于任何销售的过程中，销售人员如果懂得异议产生的心理及处理技巧，就能冷静、坦然地化解不同的异议，使成交更有希望，从而达到成功销售的目的。

二、客户异议的类型

（一）产品方面的异议

1. 质量异议

客户针对汽车的功能作用、质量用途等提出异议，如认为推荐的汽车没有竞争对手的好等；在安全性方面，质疑碰撞、制动、保险杠、车身材料等；质疑本产品性能的动力性、越野性、舒适性（噪声、座椅、空调、车内异味），行驶里程的真实性；顾客还受坊间传闻的影响，如交通事故、投诉、曝光等。

2. 配置异议

客户将汽车的各种配置与竞争对手的配置进行比较，会质疑与竞品相比缺少的配置，销售顾问要拿出充分的理由解释配置不同的原因。

3. 价格异议

价格异议指客户认为产品的价格与自己估计的价格不一致而提出的异议。价格异议是最常见的一类异议。销售顾问要使客户清楚地认识到购买该车所能得到的好处，认识到购买该车物有所值。

4. 信用异议

客户认为汽车销售顾问或经销商信用度低而产生的异议。销售顾问要通过强有力的事实，向客户证明本店和本店车辆是十分有信誉的。

5. 利益异议

利益异议指客户因对购买的汽车能否为自己带来利益以及利益的多少而表示怀疑所提出的异议。

6. 服务异议

服务异议指客户对购买汽车以后能否得到诸如零配件供应、保养维修等服务项目而提出的异议。

7. 交货期异议

交货期异议指客户会对汽车销售顾问或企业能否按照合同要求的各项内容在规定的时间内提交表示怀疑。

（二）时间方面的异议

时间方面的异议指客户会认为此时不是最佳的购买时间，想推迟购买而提出的异议。

（三）真假异议的分辨

客户对产品产生兴趣后都会关注产品的质量、性能、款式、价格、售后服务等方面的信息，通常以提出异议的方式来获取相关信息，销售顾问要学会分辨真假异议，其参考话术和操作要点如表8-1-1所示。

表 8-1-1 分辨真假异议的分辨要点和参考话术

分辨方法	分辨要点	参考话术（操作要点）
察言观色	（1）留意客户的表情； （2）留心观察客户的肢体语言	假异议：表情单一，不敢直视销售顾问的眼睛。 真异议：驻足观看
倾听探究	（1）倾听探究客户的真实想法； （2）表示出理解、同情； （3）留心潜台词	“我能明白您的感受”“很多人都这样认为”“这个问题提得很好”
重复法	（1）检验自己是否真的理解客户的意思； （2）显示尊重客户	“您是说……是吗？”“您的意思是……我可以这样理解吗？”
询问法	（1）“为什么”——询问法宝； （2）直白式询问； （3）自我批评式询问； （4）站在客户的立场上含蓄询问	“为什么还要考虑一下呢？”“是什么原因使您改变了主意？”“我们的产品有哪些方面不能满足您的需求呢？”“您有权利选择接受或者拒绝我们的产品，不过我想知道您选择的依据是什么？”

工作页

学校名称		任课教师	
班　级		学生姓名	
学习项目	异议处理	学习时间	
学习任务	客户异议的定义和类型	学习地点	理实一体化教室

1. 完成下列判断题

（1）分析客户异议有助于把握客户心理，促成客户购买行为发生。（　　）

（2）为了促成交易，可以不对客户异议作出反应。（　　）

（3）销售顾问的仪容仪表可能会导致客户提出反对意见。（　　）

（4）销售顾问只有听出弦外之音，准确识别，巧妙应对，交易方可成功。（　　）

（5）销售顾问要遵循敢于承担的原则应对客户异议。（　　）

2. 完成下列选择题

（1）客户异议具有（　　）的特点。

A. 必然性　　B. 两面性　　C. 多样性　　D. 单一性

（2）商品方面的异议有（　　）。

A. 质量异议　　B. 配置异议　　C. 价格异议　　D. 信用异议

E. 利益异议　　F. 服务异议

（3）客户异议产生的原因有以下哪些？（　　）

A. 商品原因　　B. 顾客自身原因　　C. 价格原因　　D. 服务原因

（4）销售顾问分辨真假异议的方法有哪些？（　　）

A. 察言观色　　B. 倾听探究　　C. 重复法　　D. 询问法

（5）下哪些属于站在客户角度去了解需求？（　　）

A. 关注性别需求　　B. 关注顾客状态　　C. 关注顾客用途　　D. 关注时间需求

3. 简答：什么是客户异议？

4. 简答：客户异议的类型有哪些？

任务二　处理客户异议的步骤

8-2-1　异议处理步骤（一）

8-2-2　异议处理步骤（二）

信息页

学习项目	异议处理	学习时间	30 min
学习任务	处理客户异议的步骤	学习地点	理实一体化教室

一、处理客户异议的步骤

（一）倾听客户异议

倾听，不仅要表示对客户的尊重，更要听清楚客户想要讲什么。销售顾问要通过询问一些问题鼓励客户讲出异议。例如，“您能说得更详细一些吗？”“请您再讲一遍好吗？”“您的这个想法很有意思。”销售顾问一边听一边记。这个过程是非常必要的，通过询问，销售顾问可以让客户重新认真思考自己的异议，并准确地表达出来，这对解决客户异议是十分必要的。当客户提出一些反对意见时，销售顾问应采取积极的态度。客户有异议是件好事，说明他们是真正关心产品，有意向购买，但自身有一些要求不知道是否能被满足，于是导致异议产生。而那些没有提出异议的客户，也许他们没有急切的需求，或对产品根本就不感兴趣。因此，销售顾问要控制好自己的情绪，积极地看待客户的异议。

（二）表示理解客户异议

表示理解客户异议是一个必需的推销技巧。当客户提出异议的时候，他的情绪是紧张的，他要准备迎接销售顾问的反击了。但此时销售顾问要表示理解让他松弛下来。一个不愿意被说服的人，是永远不能被说服的，销售顾问必须降低客户的敌意，可以通过“我非常理解您的想法……”“我也有同样的感受……”“我知道您的意思了，您的担心……”这样的话表示和客户是站在同一立场的，将共同面对问题，以此淡化双方冲突的气氛。

（三）澄清和确定客户异议

销售顾问在听到客户的异议后，不要急于就客户异议本身做出解释，而是要探询客户更为详细、具体的反对意见。将反对意见具体化的方法是将客户异议归纳出来，然后用提问的方式重述，让客户确认。由于客户往往不会对异议的原因做出解释，这就需要销售顾问通过发问来了解客户产生异议的原因。

（四）解答客户异议

当销售顾问把所有铺垫都做好以后，就可以拿出解决客户异议的清晰有效的推销技巧了，或是对客户异议进行有效的解释，或是针对客户异议提出解决方案。在这个步骤一定要注意，销售顾问是为了成交，那么提出的解释应该有助于成交，提出的方案（如价格优惠等）也是为了成交。

（五）努力促进销售

在销售顾问圆满地处理了客户异议之后，就有可能达成交易，但是如果客户对销售顾问的解答仍然摇头，则说明销售顾问没有真正弄清客户的需要，仍需要进行沟通，直至客户满意，才能成功。

二、处理客户异议的注意事项

（一）提前处理

在客户提出异议前处理，是客户异议处理的最佳时机。从消费者行为学角度说，如果让客户讲出异议，克服它的难度就会大大增强，因为客户一旦说出反对意见，他的自尊心就会让他坚持这个异议，这样说服的难度就会变大。最好的推销技巧是在他提出异议之前就将异议克服掉。如果你在产品介绍的时候，一种异议反复出现的话，就说明你的推销是有问题的，你必须分析并改善你的推销。你可以用旁人的身份，例如，通过“有的客户说……”“我的客户某某在购买的时候有这种想法……”这类说话技巧来化解客户异议。

（二）及时处理

当客户提出一个他非常关心且认为很有必要的问题，如果不解答就无法往下进行的时候，销售顾问应该马上解答这个问题；否则，客户就会失去兴趣，导致还没继续进行其他销售说明就让客户白白流失了，客户会觉得销售顾问是在背书，故意不理睬他，或者对他的问题不感兴趣。这种情绪一旦形成，推销就结束了。

（三）推迟处理

有些客户异议，如价格，当客户不了解推销产品优点的时候，马上回答势必会造成客户认为价格偏高，从而全盘拒绝推销的结果，这样的问题要放在后面来解决。销售顾问可以愉快地说：“我马上就要谈到价格了。”“我很高兴您对价格感兴趣，过一会当我谈价格的时候，您定会感到满意的。”或者“价格包含许多因素，如型号、配置、优惠套餐等，等一会儿我详细来谈好吗？”销售顾问对权限之外的异议、客户的异议明显站不住脚、异议涉及较深的专业知识时，都可以采用这种方法。

（四）不予处理

那些无意义或不相干的反对意见，也许客户只是随便一说，也许只是客户的一个托词。这要求销售顾问细心观察，如果客户说的时候心不在焉，就不要理睬。这种无意义的异议有时和客户的个性有关，如争强好胜的客户等，如果回答反而会耽误正事，因此不回答客户异议也是一种推销技巧。但如果对方第二次提出来，就要注意了，这个问题对客户很重要，销售顾问要马上解决，否则客户会产生反感。若遇到容易造成争议的话题、可一笑置之的戏言、异议具有不可辩驳的正确性的情况，可以采用沉默、装作没听见、继续按照自己的思路介绍、答非所问、故意转换话题等技巧处理。

三、参考话术

在汽车销售过程中，客户在购买产品之前都会提出各种异议，有的是客户的真实疑问，有些则是讨价还价的砝码。因此，销售顾问需学会利用客户异议处理的步骤处理客户异议才能促进汽车销售工作，其参考话术和操作要点如表 8-2-1 所示。

表 8-2-1 客户异议处理步骤

客户异议处理步骤	客户异议	参考话术
倾听客户异议	"听说汉 EV 噪声比较大？"	"您能说得更详细一些吗？是风噪还是胎噪？"
表示理解客户异议	"汉 EV 的前悬为麦弗逊悬架？避震差，过减速带很不舒服。"	"您的这个问题非常好，看来您对我们的车感受还是蛮深的。汉 EV 的底盘是由前奔驰底盘调教大师汉斯调校，不是双叉臂就一定好于麦弗逊，底盘的好坏和用料及调校有关。避震的舒迫与否和车辆的操控性能好坏是成反比的。汉 EV 的麋鹿测试成绩达到 80 km/h，中大型车排名第一。汉 EV 是注重操控性的，所以避震较硬，过减速带时显得比较颠簸，但车辆的加速过弯和车身的平稳是非常好的，行驶稳定、路感清晰，不易晕车，您可以试一下看看是不是这样。"
澄清和确定客户异议	"我回去考虑一下。"	"× 先生 / 女士，请问您在考虑价格问题还是车型性能问题呢？如果是性能，我们之前也对比过其他几个车型，这个车型最适合您。如果是价格，今天是本店优惠日，机会难得。"
解答客户异议	"你们没有优惠，不划算。"	"这款车降价幅度的确很小，不像其他车的幅度那么大。作为买车的人，您肯定想越优惠越好，但作为一个车主，您愿不愿意看到自己车的价格一路狂降？我们车辆价格较为稳定，其实是对消费者负责任，同时也让您增强购买的信心，许多其他车辆买之前都很优惠，但不到几个月价格又会被调整。这款车降价幅度小的另一个原因与厂家的市场营销观念有关，其他厂家是把返利让给经销商，由经销商把控价格，当经销商销售出现压力时就会大幅度调价，从而吸引消费者；而这款车的厂家是直接把利益让给客户，我们经销商无法调整价格。直接的受益者就是您啊！"
努力促进销售	"你别管我看没看过，报个底价得了，比人家便宜我就马上买。"	"看来您是一个挺爽快的人，同时，相信您应该也在别的店了解过这款车了，不然您不会说今天就可以马上买了，价格方面既然您已经看过了，都差不多，别的店能做到的我们店也一样可以做到，更何况我们店地理位置较偏僻，所以价格方面比较便宜，我们经营成本也比其他店要低，所以我相信只要您车型看好了，价格方面可以谈。再者，买一辆车我相信您关注的不仅仅是价格问题，应该还有其他方面，比如说售后服务、保险服务等，我相信让我介绍完我公司的特色服务后，您一定会感到满意的。"

工作页

学校名称		任课教师	
班　　级		学生姓名	
学习项目	异议处理	学习时间	
学习任务	处理客户异议的步骤	学习地点	理实一体化教室

1. 完成下列单项选择题

（1）“这个东西没什么用”属于（　　）异议。

A. 产品　　B. 需求　　C. 价格　　D. 权利

（2）“太贵了！难道又涨价了？”属于（　　）异议。

A. 产品　　B. 需求　　C. 价格　　D. 权利

（3）“你让我考虑考虑”属于（　　）异议。

A. 产品　　B. 时间　　C. 服务　　D. 财力

（4）推销人员确定顾客会提出异议，在顾客提出异议前，先把问题说出来，继而适当解释说明，化解这个可能异议的方法是（　　）。

A.“但是”法　　B. 反驳法　　C. 预防法　　D. 利用法

（5）汽车销售顾问应树立“顾客总是有道理”的观念，属于处理顾客异议原则中的（　　）。

A. 尊重顾客异议　　B. 永不争辩　　C. 维护顾客自尊　　D. 强调顾客受益

2. 完成下列多选题

（1）处理顾客异议的原则有（　　）。

A. 尊重顾客　　B. 真诚聆听　　C. 维护顾客自尊　　D. 直接反驳

E. 向顾客提供真正的价值和利益

（2）顾客产生异议时，顾客方面的原因有（　　）。

A. 没认识到自己的需要　　B. 偏见与习惯　　C. 信息过时

D. 心理不平衡　　E. 个人态度

（3）采用“但是法”处理异议的缺点（　　）。

A. 语气较委婉　　B. 有可能增加企业形象和商品定位

C. 可能会增加顾客新的异议处理因素　　D. 可能会引起顾客防御行为

E. 顾客可能会觉得推销人员圆滑而反感

（4）顾客产生异议时，推销产品方面的原因有（　　）。

A. 产品价格　　B. 产品质量　　C. 产品功能　　D. 顾客信息过时

3. 完成下列判断题

（1）“这个东西没什么用”属于价格异议。（　　）

（2）“对不起，我们有供应商了”属于时间异议。（　　）

（3）主观异议是个人基于个人主观认识而提出的异议。（　　）

（4）“但是”“不过”等转折词是对顾客异议进行直接否定中常使用的方法。（　　）

（5）重复法是指推销人员利用顾客异议来询问顾客，以了解反对的理由和真实需求，并引导顾客在回答问题时不知不觉否定自己。（　　）

4. 简答：处理客户异议的步骤有哪些？

项目八 异议处理

5. 根据所学知识，分别写出以下客户异议处理的步骤及话术

表 8-2-2　客户异议处理的步骤和话术

客户异议	处理步骤	异议处理话术及动作设计
车身钢板薄，感觉不安全	第一步	
	第二步	
	第三步	
	第四步	
	第五步	

任务三　处理客户异议的常用方法与技巧

8-3-1　ACE 竞品异议处理法、CPR 异议处理法　　8-3-2　异议处理的其他方法　　8-3-3　异议处理的技巧

学习项目	异议处理	学习时间	30 min
学习任务	处理客户异议常用的方法与技巧	学习地点	理实一体化教室

一、ACE 竞品异议处理技巧

（一）ACE 竞品异议处理法

ACE 是用于解答客户提出的竞品对比问题时的一种表达构成格式。

A（Acknowledge，认可）：对客户提出的观点表示赞同，目的在于提升客户的交谈舒适感，破除双方的隔阂，让客户感受到我们“站在客户那边”，从而让客户愿意倾听接下来的分析。

C（Compare，比较）：对比本品和竞品的差异和不同，分出优劣。重点在于围绕客户提出问题的主题，例如动力性方面、安全性方面的问题等。

E（Elevate，提升）：在比较过后，重新梳理本产品的优点，强调优势，在客户心中提升本产品的良好印象。

（二）ACE 竞品异议处理法的要点

（1）承认顾客的判断是明智的，承认竞品的优势。

（2）牢记顾客需求，发现产品与竞争车型的其他优点。

（3）从对顾客有意义，并对自身产品有利的方面进行比较。

（4）强调与竞争对手比较的优势，以及这些优势为何更适合顾客所述的希望或需求，明确在竞品比较过程中的优势地位。

二、CPR 异议处理技巧

（一）CPR 异议处理法

CPR 异议处理法是用于处理客户对产品本身提出异议时的一种表达构成格式。

C（Clarify，澄清）：由客户自己对销售顾问说明异议。销售顾问适当引导归纳总结，把问题细化到一个局部，便于解决。

P（Paraphrase，转述）：销售顾问确认客户异议的过程和方法，其目的即为确认客户异议。

R（Resolve，解决）：在确认客户异议后思考出解决办法，并具体地传递给客户，处理异议。

（二）应用 CPR 异议处理法的要点

（1）使用开放式的问题进一步明确顾客的异议；

（2）切忌用防御式的辩解或者反驳的口吻提出问题；

（3）采用积极倾听的技巧确保准确地理解顾客的异议；

（4）用自己的话总结顾客的异议，把顾客的异议转化为更容易应对的表述形式；

（5）承认他们的担忧，理解认同顾客的感受，然后提出解决的方式。

（三）异议处理方法示范话术

表 8-3-1　异议处理方法示范话术

客户异议	处理话术
“唐 EV 感觉没有 Model Y 好哦！”	A（认可）：“某先生 / 女士，特斯拉品牌也是不错的新能源汽车品牌，Model Y 也是一款不错的车型。看来您对新能源汽车非常关注，是一位注重环保、热爱环境的人士。” C（比较）：“唐 EV 用的是刀片电池，要比特斯拉 Model Y 三元锂电池更安全，没有自燃风险。充电 10 min 即行驶 118 km，不需要自建充电站即可解决快速充电问题。唐 EV 是 S 级豪华内饰，真皮座椅，31 色氛围灯。这些豪华配置特斯拉 Model Y 都没有配备。唐 EV 旗舰型零百加速是 4.4 s，性能上要比特斯拉 Model Y 的 5.1 s 更强一些，加速性能好，在超车的时候更加安全。” E（提升）：“在驾驶辅助方面，唐 EV 采用全息透明影像，后方穿越预警系统和开门预警系统这些安全配置特斯拉 Model Y 都没有。您看我们唐 EV 是不是科技更先进、内饰更豪华、驾驶更安全，更值得您拥有呢？”
“听说新能源汽车的电池到冬季行驶里程比较短？”	C（澄清）：“× 先生，你是担心汉 EV 的电池在冬天不好用吗？您是从哪里了解到的呢？” P（转述）：“您认为汉 EV 的电池在冬天的时候续航里程会有影响，是吗？” R（解决）：“关于您说的问题是这样的。EV 车型冬季受电池活性影响，续航里程比夏季略低，温度越低，续航里程越短。冬季开暖风空调及电池包加热也会较多地消耗电池的能量，等到电池和车内温度升高了，维持现有的温度，电量的消耗就相对少一些。好比一个冰冷的房间，让它热起来会很费电，但是保持温度就没那么费电了。在短途行驶的时候电池一般处在电池温度较低的状态下工作，还没等电池充分加热就停止工作，所以累计的续航里程肯定不会理想，但是由于是短途，不影响使用。在长途行驶的时候，电池会在使用过程中将电池包加热，所以电池会处在相对良好的状态下工作，续航里程也会相应增加，因此不必过于担心冬季续航里程。您现在对这个问题还有什么疑问吗？”

工作页

学校名称		任课教师	
班　　级		学生姓名	
学习项目	异议处理	学习时间	
学习任务	处理客户异议常用的方法与技巧	学习地点	理实一体化教室

1. 完成下列选择题

（1）CPR 处理方法是指（　　）。

A. 理解、反问、处理　　B. 询问、确认、说明

C. 澄清、转述、解决　　D. 理解、解释、说明

（2）在应对客户异议方面，以下哪些是 ACE 比较法中“认可”的描述？（　　）

A. 承认顾客的判断是明智的

B. 承认竞品车型优势

C. 牢记顾客需求，发现与竞品相比的其他优势

D. 明确产品在竞品比较中的优势

（3）ACE 异议应对的方法中的 A、C、E 分别代表的是什么？（　　）

A. 认可　　B. 比较　　C. 提升　　D. 竞争

（4）对 ACE 竞品分析法描述正确的是（　　）？

A. 强调客户的判断是明智的

B. 否认竞品的优势

C. 牢记客户的需求

D. 强调自己的产品与竞品对比的优势，以及这些优势更能满足客户需求

E. 明确自己的产品在竞品比较中的优势地位

（5）CPR 法则可用于应对竞品比较（　　）。

A. 对　　B. 错　　C. 不确定

（6）CPR 异议处理法则可运用于以下场景（　　）。

A. 唐 EV 不好看　　B. 唐 EV 不保值

C. 唐 EV 配置丰富　　D. 唐 EV 价格优惠不够大

（7）CPR 法则定义中，是否需要考虑客户的情绪？（　　）能表现我们对客户的关心的是（　　）流程？

A. 不需要，没有流程　　B. 需要，没有流程

C. 不需要，解决阶段　　D. 需要，说明阶段

（8）FFB 法则可以解决（　　），CPR 可以应对（　　），ACE 可以处理（　　）。

A. 产品亮点，客户疑虑，竞品对比　　B. 客户疑虑，竞品对比，产品亮点

C. 竞品对比，产品亮点，客户疑虑　　D. 难缠客户，神秘客户，无理取闹

（9）客户攻击唐 EV 费电，续航里程短，我们应该用（　　）应对。

A. ACE 法则　　B. CPR 法则　　C. 客户不识货　　D. 不理他

2. 简答：处理客户异议的方法有哪些？

3. 请用 ACE 竞品对比法编写以下异议处理话术

客户异议：听说汉 EV 和 Model Y 相比，后备箱空间小，后排座椅不能比例放倒。

处理话术：

4. 请用 CPR 异议处理法编写以下异议处理话术

客户异议：听说汉 EV 的车漆薄，车漆脆。

处理话术：

项目考核

一、客户异议处理任务

（1）客户张先生来店里看车并完成试乘试驾，对比亚迪汉 EV 比较喜欢，但是又觉得特斯拉 Model 3 也不错，作为销售顾问应该如何进行客户的异议处理。

（2）客户李先生觉得比亚迪车型基本没有什么优惠政策，车价有些高，没有优惠接受不了。

① 学生通过情景模拟角色扮演对异议处理方法和技巧进行实操训练。

② 学生分成 4 个小组，每个小组为一个销售团队，由组长带领组员进行任务分析、角色安排、话术准备、情景练习，保证每个同学都有工作安排且每个同学都要担任一次客户角色和销售顾问角色。

③ 小组学生对客户异议进行分析和预设后，小组成员一起综合运用异议处理的方法和技巧编写异议处理的脚本。

④ 在演练中，用异议处理考核表进行考核，每结束一位学生的演练，组长需要组织组员进行讨论互评，教师负责时间控制、进度管理、结果复核。

二、任务实施脚本

表 8-3-2　客户异议处理实操表

任务内容	客户张先生来店里看车并完成试乘试驾，对比亚迪汉 EV 比较喜欢，但是又觉得特斯拉 Model 3 也不错，作为销售顾问应该如何进行客户的异议处理			
客户画像				
时间	位置	人物	话术及动作	注意事项
		客户		
		销售顾问		
		客户		
		销售顾问		
		客户		
		销售顾问		
		客户		
		销售顾问		
		客户		
		销售顾问		
		客户		
		销售顾问		
		客户		
		销售顾问		
		客户		
		销售顾问		
		客户		
		销售顾问		

三、任务评价表

表 8-3-3　异议处理考核表

姓　名						
评价要素	评价内容	分值	得分		要素分值	得分
			自评	互评		
职业素养	着统一的商务装，符合形象礼仪	5			25	
	有主动进行沟通的意识和动作	5				
	交流始终面带微笑，神情专注亲和	5				
	语言表达符合销售礼仪要求	5				
	能执行展厅展车管理要求	5				
异议处理步骤	倾听客户异议	5			25	
	表示理解客户异议	5				
	澄清和确定客户异议	5				
	解答客户异议	5				
	努力促进销售	5				
异议处理方法及技巧	ACE 竞品对比法的运用	25			50	
	CPR 异议处理方法的运用	25				
评价权重（%）			40	60	100	
评价各主体分数小结						

巩固拓展

（1）请小组课后完善统计并分析任务实施中异议处理考核表的相关数据，并根据评价表进行自我反思和提升。

（2）进行下一次教学任务的课前微课学习安排，通过信息化平台进行课前任务进度管理及课前学习情况分析。

（3）新任务迁移：比亚迪汉 EV 其他异议的处理话术。

学生小组合作制订任务计划安排，分配组员收集汉 EV 其他异议（不少于三个异议）的相关信息。学生对相关异议进行分析处理，编写相应话术上交教师检查。

项目九

报价成交

学习目标

1. 知识目标

（1）掌握报价成交的流程步骤。

（2）了解各阶段报价成交的标准行为和要点。

2. 能力目标

（1）能够根据客户的需求进行合理报价。

（2）能够进行销售预算表的规范填写，促成成交。

3. 素质目标

（1）培养主动学习的意识，养成自主探究的学习习惯。

（2）能够体现真诚、专业的职业素养，培养爱岗敬业的精神。

思政目标

（1）建立与客户友善的合作关系，维护客户合法利益，尊重客户，建立好与客户沟通的桥梁，提升客户的信任感。

（2）以完成报价成交为切入点，让学生学会合作、包容、尊重、理解、积极沟通、自信忠诚、不忘初心的使命感和责任感。

（3）以报价成交为切入点，培养学生爱岗敬业、客户至上的专业意识。

（4）以倾听、理解、共赢为基础，培养学生爱岗敬业、贴心呵护、以人为本、精益求精的敬业精神。

情境描述

客户张先生与张太太再次来到比亚迪销售展厅，销售顾问通过上次的沟通交流确定夫妻俩看中了汉 EV 车型，本次来展厅他们在产品介绍过程中对车辆的主要配置进行了反复确认，销售顾问根据销售的流程向张先生和张太太进行了报价。

<table>
<tr><td>项目名称</td><td colspan="2">报价成交</td></tr>
<tr><td>小组成员</td><td colspan="2"></td></tr>
<tr><td>负责人</td><td colspan="2"></td></tr>
<tr><td>时间</td><td colspan="2"></td></tr>
<tr><td colspan="3">情境描述：
客户张先生与张太太再次来到比亚迪销售展厅，销售顾问通过上次的沟通交流确定夫妻俩看中了汉 EV 车型，本次来展厅他们在产品介绍过程中对车辆的主要配置进行了反复确认，销售顾问根据销售的流程向张先生和张太太进行了报价。</td></tr>
<tr><td colspan="3">安排角色扮演及材料收集情况记录：</td></tr>
<tr><td colspan="3">安排完成情况记录：</td></tr>
<tr><td colspan="2">小组负责人：</td><td>完成时间：</td></tr>
<tr><td colspan="3">教师评价：</td></tr>
</table>

项目分析

本次项目的内容是报价成交，将学习报价成交过程中常见的一些方法和技巧。首先学习最基础的报价成交的流程，然后是价格商谈技巧。采用理实一体化进行教学，通过课前微课（理论 + 实操）预习、课中理论强化及实操演练、课后拓展练习，达到知识、技能、素养提升。

任务实施

任务一 报价成交的流程

9-1-1 报价成交的意义及组成　　　　9-1-2 报价成交流程理论

信息页

学习项目	报价成交	学习时间	30 min
学习任务	报价成交的流程	学习地点	理实一体化教室

所谓报价成交，是指顾客接受销售人员的建议及销售演示，并且立即购买商品的行动过程。在汽车销售过程中，成交是一个独特的阶段。

一、报价成交的流程

报价流程如图 9-1-1 至图 9-1-3 所示。

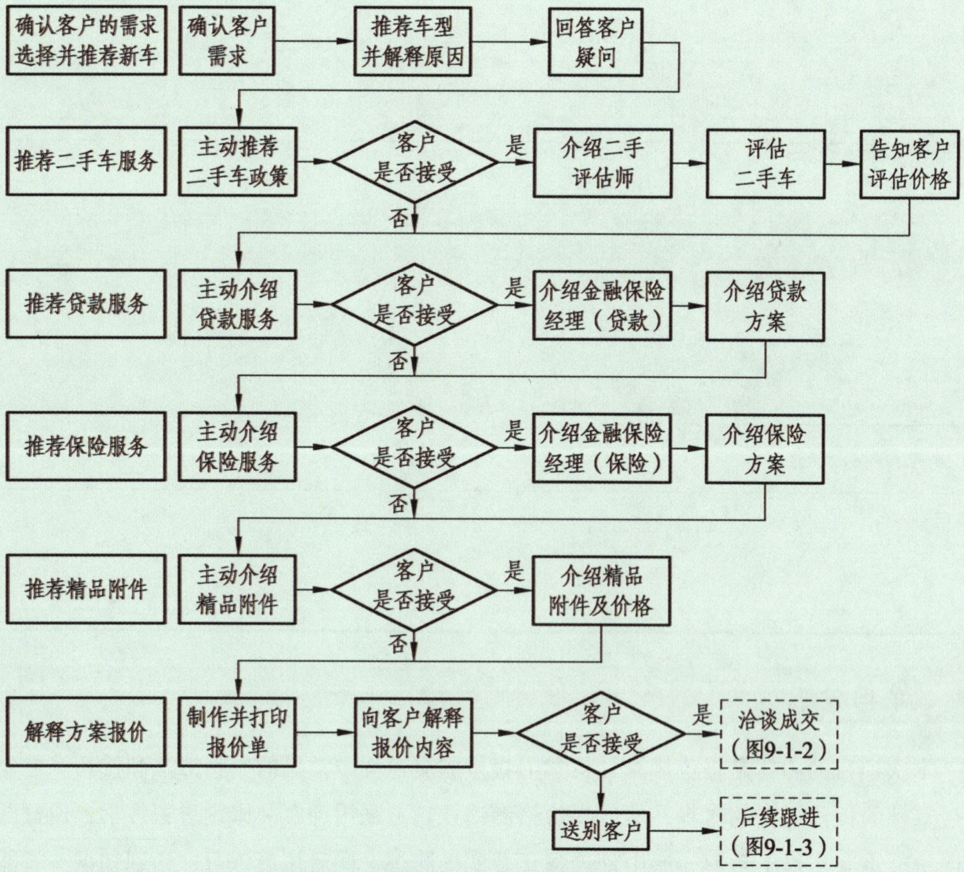

图 9-1-1 报价流程图

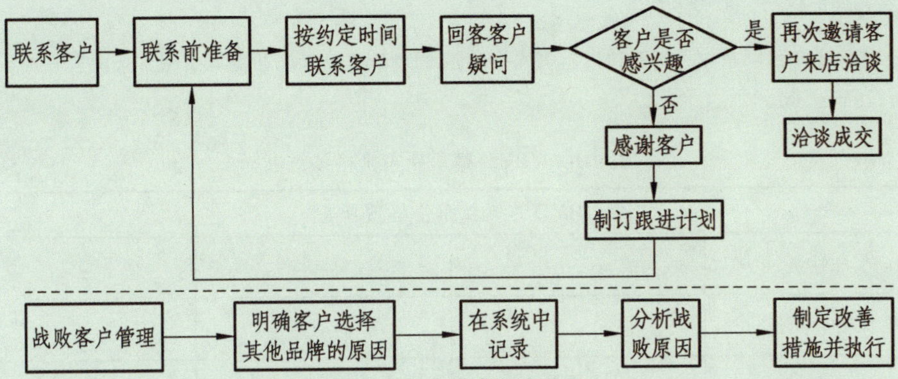

图 9-1-2 洽谈成交流程图

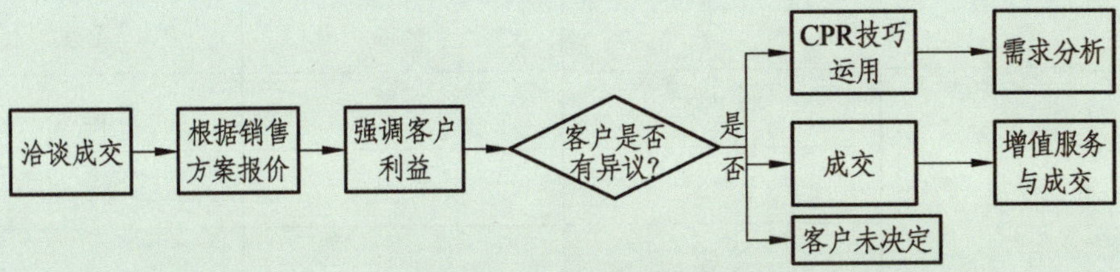

图 9-1-3 后续跟进流程图

请客户确认所选择的车型，根据客户需求拟订销售方案，明确报价，制作报价清单。

对报价内容和构成、各种费用进行详尽易懂的说明，让客户了解车辆最终上路相关项目的总价格。

说明销售价格时，再次总结产品的主要配置及客户利益，让客户有充分的时间自主审核销售方案。

若客户对报价事项有疑问，采用 CPR（说明 — 复述 — 解决）方法妥善应对，耐心回答其问题，若客户现场不能决定，表示理解，不对其施加压力，正面地协助客户解决问题。

针对重点客户，销售顾问可请求零售经理参与车辆价格洽谈，提升展厅成交率；针对置换客户，销售顾问可与二手车业务主管共同面对客户，协商置换销售方案，以降低客户对新车价格的敏感度，提高展厅成交率。

二、购买信号识别

每当消费者对产品比较满意，决定考虑购买时，都会有一些信号给到销售顾问，这 9 个信号分别是：

（1）主动询问优惠信息；

（2）反复确认一些卖点信息（空间、油耗）；

（3）询问一些购买的额外信息，如贷款、保险、颜色；

（4）询问使用和维护的一些问题；

（5）向销售顾问提出车辆不错，价格有点高这样的抱怨；

（6）在车辆停留时间很长，长时间思考；

（7）和随行人员长时间讨论；

（8）一天多次进店；

（9）询问最近是否有大型促销活动信息。

三、价格预算表示例

在报价成交的环节中，比亚迪汽车公司会使用《BYD尊享新车价格预算表》来向客户进行报价，如表9-1-1所示。

表9-1-1　BYD尊享新车价格预算表

<table>
<tr><th colspan="4">BYD尊享新车价格预算表</th></tr>
<tr><td>客户姓名</td><td></td><td>电话</td><td></td></tr>
<tr><td>保险公司</td><td></td><td>车型及颜色</td><td></td></tr>
<tr><td>定金</td><td></td><td>车价</td><td></td></tr>
<tr><td colspan="2">项目</td><td>价格</td><td>备注</td></tr>
<tr><td rowspan="3">综合费用</td><td>购置税</td><td></td><td>购置税率</td></tr>
<tr><td>上牌费</td><td></td><td></td></tr>
<tr><td>合计</td><td></td><td></td></tr>
<tr><td rowspan="9">保险费用</td><td>交强险</td><td></td><td></td></tr>
<tr><td>第三责任险</td><td></td><td></td></tr>
<tr><td>车辆损失险</td><td></td><td></td></tr>
<tr><td>乘坐险</td><td></td><td></td></tr>
<tr><td>不计免赔特约险</td><td></td><td></td></tr>
<tr><td>盗抢险</td><td></td><td></td></tr>
<tr><td>车船使用税</td><td></td><td></td></tr>
<tr><td>其他</td><td></td><td></td></tr>
<tr><td>合计</td><td></td><td></td></tr>
<tr><td rowspan="5">精品费用</td><td></td><td></td><td></td></tr>
<tr><td></td><td></td><td></td></tr>
<tr><td></td><td></td><td></td></tr>
<tr><td></td><td></td><td></td></tr>
<tr><td>合计</td><td></td><td></td></tr>
<tr><td>全款购车预算</td><td>合计</td><td></td><td></td></tr>
</table>

工作页

学校名称		任课教师	
班　　级		学生姓名	
学习项目	报价成交	学习时间	
学习任务	报价成交的流程	学习地点	理实一体化教室

1. 请完成下列判断题

（1）请客户确认所选择的车型，根据客户需求拟订销售方案，明确报价，制作报价清单。（　　）

（2）对报价内容和构成、各种费用进行详尽易懂的说明，让客户了解车辆最终上路相关项目的总价格。（　　）

（3）说明销售价格时，再次总结产品的主要配置及客户利益，让客户有充分的时间自主审核销售方案。（　　）

（4）若客户对报价事项有疑问，采用CPR（说明—复述—解决）方法妥善应对，耐心回答其问题，若客户现场不能决定，表示理解，不对其施加压力，正面地协助客户解决问题。（　　）

（5）针对重点客户，销售顾问可请求零售经理参与车辆价格洽谈，提升展厅成交率。（　　）

（6）针对置换客户，销售顾问可与二手车业务主管共同面对客户，协商置换销售方案，以降低客户对新车价格的敏感度，提高展厅成交率。（　　）

2. 请根据网上汽车报价计算器，完成不同类型的新车费用的计算

表 9-1-2　新车费用计算

类型	品牌	税费构成	计算车价总价
燃油车			
混动车型			
纯电车型			

任务二　价格商谈技巧

9-2-1　价格商谈的技巧

9-2-2　报价成交的实操

信息页

学习项目	报价成交	学习时间	30 min
学习任务	价格商谈技巧	学习地点	理实一体化教室

一、常用成交方法

（一）直接请求

1. 定义

直接请求法是销售顾问通过信号判断客户有购买意愿时直接提出建议购买的方法。直接请求并不意味着简单地提出交易要求，而是在前期做了大量的需求分析、展示介绍，在客户充分了解并认可产品的基础上，引导客户进入交易环节。

2. 话术示范

销售顾问：“张先生，既然您对这款车型比较满意，不如我们现在就定下来吧？”“张先生，我们都觉得这款汽车符合您经济省油、安全可靠的要求，不如我现在为您下单，怎么样？”

（二）假设成交

1. 定义

假设成交法是销售顾问在发现购买时机成熟时不直接问客户买不买，而是在假定客户同意购买的基础上通过提出一些成交会遇到的问题来促成交易的方法。

2. 话术示范

销售顾问：“看得出来您对这款车各方面的性能还是比较满意的，您要是购买的话，会选择哪种颜色呢？”“这款车非常适合您，您要不要看看这款车可选装的配置呢？”将类似的问题抛给客户，试探客户的想法，如果客户的回答是肯定的，就可以顺理成章地进入成交洽谈环节，如果客户的回答是否定的，那么说明客户肯定还存在疑虑没有得到解决，销售顾问可以进一步询问客户的想法。

（三）赞美引导

1. 定义

销售顾问可以通过适当地赞美客户及同行人员，使客户感觉满意，营造一种和谐舒适的气氛，促成交易，需要注意的是赞美必须是发自内心的，是实实在在的内容。

2. 话术示范

销售顾问：“张先生，通过刚才的交流，我发现您和您朋友都非常专业，对于新能源汽车技术十分了解，也让我学习到许多这方面的知识。遇到你们这样优秀的客户我真是太幸运了！”

（四）选择促进

1. 定义

选择促进法是指销售顾问为客户提供两种解决问题的方案供客户选择。这种方法可以有效地避开客户“要不要”的问题，而是引导客户思考是“要 A 还是要 B”，无论客户最终选择 A 还是 B，都会达到促成交易的目的。

2. 话术示范

销售顾问：“您是选择一次性付清还是按揭贷款支付呢？”“您想要购买这款车型的手动挡还是自动挡呢？”

（五）利益促成法

1. 定义

利益促成法是指汽车销售人员以汽车的价值和利益来打动客户，促使对方采取购买行为的方法。从根本上来说，客户购车是因为汽车能满足某些关键性的需求。所以，让客户不断地重温、体验购车的好处是引导成交的一种好方法。

2. 话术示范

客户：“这款车不错，但是相同的配置，A 品牌的车要便宜很多呢。”

汽车销售人员：“张先生，A 品牌的车确实比较便宜，但是我猜，现在您的第一选择肯定不会是 A 品牌。”

客户：“为什么？”

汽车销售人员：“因为您现在买车最看重的不是价位，而是品质与品位，您和太太的工作都非常优越，即使在这样的一线城市，您一家的生活水平完全可以说是处于中高层次的，在平时的工作中，您接触的也都是精英人士，即使您不用座驾来标榜自己，别人也会用您的爱车来衡量您，所以，您需要的是一款能够体现品位与档次的车，我们这款车知名度很高，很多大企业在为公司购置高级商务车时都选择了我们这款车，例如某公司等。有这样一款爱车，您在任何场合都不会失面子的，您说呢？”

汽车销售人员：“张先生，我们库房有现车，您比较喜欢什么颜色？”

（客户沉默）

二、报价协商技巧

（1）在与客户谈价格时，最好只报一次价格，关键时刻用赠送（赠品）达成交易。

（2）在谈价时主动用“假定成交法”快速签合同，可以说“看来没问题了，您是全款还是分期付款？您是现金还是刷卡？”禁止说“您今天能定下来吗？您今天定还是明天再定？”等语言，很多销售人员认为这是“强迫成交法”，会对客户造成心理压力，其实不然，因为，许多客户在做出购买他喜欢的“大件”的决定时他的内心急需“外力”推动，对这个“外力”是不反感的，甚至这也是他的一种需求。

（3）与客户签合同时，最好主动把“已知项”填好，如车型、颜色、付款方式、姓名、地址及公司信息等，只留待讨论、未确定的价格一项，以便在价格确定后迅速签约。另外，在填“已知”项时要注意观察以下情况：

①客户对今天签约的意向有多大？你在填写“已知”项时，客户有无阻拦行为？

②今天签约的话，客户是交全款还是预付订金？如果交订金，能交多少订金？通过观察和交流得出明确结论。

③今天不能签约，问题出在哪儿？应当如何解决？

（4）在价格协商时，要善于使用“拍大腿”的成交技法寻找成交价。

（5）抓住关键时刻，再次使用“假定成交法”快速签合同、交车款。

（6）按照销售价格体系理论，初次谈判价格时，一般客户愿意付出的价格与商家愿意销售的价格是不一致的，价格商谈就是寻找这两者的平衡点——成交价。

（7）初始的谈判技巧是主动让客户先出价（客户心理价位），如果客户心理价位与成交价相差悬殊的话，除了要重新审度客户的购买意愿以外，还应立即采取一些试探措施，如：“您这么喜欢这部车，怎么着您也得让我出个价吧？您这个价让我没法出价，您看这样行吗？我再赠您一样东西。”

（8）客户由于价格问题离开了店，若再次回来，我们一般要再次坚持刚才的价位，但如果客户又要走，一定要给予新的价格。客户由于价格问题要终止谈判时，销售顾问一定要注意弄清、观察客户以下行为：

①客户对产品认可了吗？

②你给出的价格是区域里目前最低的吗？

③客户终止谈判时的身体语言——是迅速离开还是不情不愿？

（9）对购买意向非常强的客户，由于价格问题很难成交时，销售顾问一定要向上级请示、说明，必要的时候邀请主管领导协助共同进行价格谈判，从而促进成交，即使不能实现销售也要对客户实行最终的销售暗示：我会把您的要求向领导反映，尽可能满足您的要求，我们过几天有一个活动，那时有可能会满足您的要求。

（10）对价格特别敏感的客户一定要执行第（3）小项，将合同的其他项目填好并引导客户承认一个方便的价格，以便快速实现最终的签约。

三、客户常用砍价话术及应对招数

（一）客户常用砍价话术

1. 刚报完价就让销售顾问去向领导申请最低价

当销售顾问向客户报出首轮报价后，客户就会要求给优惠，销售顾问忍不住就给出了自己权限范围内的优惠额度，接下来客户就会提出他进一步优惠的要求。

在谈价格时，客户可能说出“价格合适的话可以交订金”这句话，但他的目的并不一定是真想买车，也不一定会立马就交订金，他只是想让销售顾问感受到他是真心来买车的，等你去向领导申请最低价，申请下来后，他才会在你申请的这个价格基础上和你谈价格。

2. 在申请到的最低价基础上再砍价

销售顾问向领导请示价格回来后，本以为你已经把价格降下来很多，似乎已经到了客户的心理价位，但是客户却说：“小伙子非常感谢你，帮我那么辛苦地去申请价格，不过你申请到的这个价格还不是我想要的最低价，我告诉你我的心理价格吧，你再给我降2000元，这回我绝对说话算话，我也知道你很为难，要不你再请示一下你们领导，要是可以我立马就交钱订车。”

为什么会这样呢？因为客户会认为，销售顾问申请下来的这个价格还不是领导同意的最低价，销售顾问一定会给自己留余地。

为了争取到客户心中认为的最低价，客户会露出失望的神色，表示这个价格离他的心理价位还是有一定差距，并继续向销售顾问表达十分想买这辆车的想法，有的客户还会跟朋友一起去，他的朋友这时会配合地表现出想离店的样子，其实这是做给销售顾问看的，为的是让销售顾问觉得“煮熟的鸭子要飞了”，出于不甘心，销售顾问会报出店里的最低价。这时候销售顾问往往会再次去请示领导，报出一个新的价格。只有这次的报价低于原来的报价，客户才会同意购买。

3. 谈完车价后索要赠品

很多购车客户在谈妥车价后，提起笔正准备签订购车合同时才会提出索要赠品，比如，他们会优先提出要赠送行车记录仪、倒车雷达、全车贴膜、油卡、灭火器等，如果你不同意，他们就要求赠送脚垫、座椅套、竹炭包、头枕、抱枕、香水等。事实上，赠品应该要在签合同前谈妥并写在购车合同上，而不是价格一旦谈妥就以为十拿九稳了。

4. 在购买的装饰品上要求打折扣或赠送

如果你向客户提出让他购买装饰品，他就会告诉你说：“你们这种装饰品水分太大，你给我打个折扣我就要。”客户认为到了这个时候销售顾问是绝对不会和他们急眼的，已经谈了这么久，要是因为这个有水分的装饰放弃就太可惜了，正因为销售顾问有了这种心态，于是就容易顺着客户的思路走。

5. 要给免费维护优惠卡

这种优惠卡很多店里一年只发出去几十张，是给大客户或者难缠的客户准备的。遇到那些难缠的客户，他们就会向销售顾问们提要求。

6. 保险只愿意上主险

虽然很多店对于新车都强制要求在店内投保，但很多客户会只选择上交强险、机动车损失险、机动车第三者责任险、机动车全车盗抢险和不计免赔险，而商业部分就不愿意考虑了。如果店里强制要求客户上全险，很多客户会等车辆上完牌照后，将原保险的商业险部分退掉，再去折扣低的地方重新投保。

7. 要求自己自行办理上牌手续

客户用完以上招数之后，我们的很多销售顾问都已经败下阵来，好不容易客户同意签单了，这时候，客户还会说：“嗯，这个价格我能接受了，不过上牌费用这一块要抹去，我自己上牌就可以了，不用你们帮我上牌。”

经过这么几轮砍价下来，客户最终会拿到一张报价单，有的客户对于报价单上的价格还是拿不定主意，甚至有顾客拿着报价单扬长而去，再到另外一家店去砍价，然后在别处买车的情况。

面对以上这7招，作为销售顾问的我们，该怎么办呢？我们的口号是“不怕客户来砍价，就怕销售没预防”。

（二）砍价应对原则和技巧

（1）绝不无条件地主动做出让步，谁先让步谁被动。

（2）绝不主动透露自己的底价，反而要千方百计地去探询客户的价格底线，谁先透露自己的价格底线，谁就被对方抓到了命门。

（3）绝不在客户没有做出任何承诺或让步的情况下答应他的要求。

（4）就算要让价也绝不能一次让到底，让利幅度应该越来越小。

（5）客户要的不是最低价，但是你必须设法让他觉得一定到了最低价。

（6）谁先报价谁先处于劣势，要设法让客户先开口报价，他报出的价格，一般就是他的心理价位。

（7）一定要条件换条件，他要你送导航，你就要他买全险，他要你送保险，你就要他办按揭，总之不能无条件地给予好处。

（8）不在价格上纠缠，实在谈不下去了，双方都不肯让步，那就谈点别的，说说买车后的使用事项，说说别的客户是如何买车的。暂时离开价格交涉，让双方都放松一下，这样更容易让客户放松警惕。

（9）不主动提及价格优惠。

（10）客户没坐下来之前不谈价格，站着谈价格，客户随时都可以转身就离店，而且也不会把你说的话当真。要谈价，就要坐下来慢慢谈，谈得越久，成交的可能性越大。

（11）爱砍价的客户才是真正会买车的客户，如果只是满口问这问那、这好那好的客户，大多数是没有真正购车意愿的。

（12）客户没有确定具体需求之前不谈价格优惠。

（13）不谈价格谈价值，客户买的不是价格本身，而是价格背后所能带来的实实在在的价值，如产品是否方便使用，是否耐用，是否有面子，是否安全，和别的产品比起来好在哪里，为什么值得这个价钱，他希望这个钱花得值。

（14）不谈价格谈性价比，要在同样性能的情况下作价格比较才有意义。

（15）客户没有确定购买日期之前不谈价格优惠。

（16）客户没有明确购买车型之前不谈底价，要谈就只谈官方价。

（17）客户没有确定购买汽车之前不谈价格优惠，客户随时会拿着你给出的优惠到另外一家店里压价，然后在那里买车，会带来额外的损失。

（18）没有拿到客户的诚意金之前不给底价，客户也不会相信你给的就是真正的底价。

（19）至少要跑3次经理办公室之后才能同意客户的降价要求，他不是要一个最低价，而是要看到你为他做了很多事情，多跑几次经理办公室吧，这样成功的概率很大。

（20）如果一再让价还是无法成交，那就跑一趟经理办公室吧，回来后把价格往上加，只要你加了，并给出一个合情合理的理由，客户很可能立马同意购买。

工作页

学校名称		任课教师	
班　　级		学生姓名	
学习项目	报价成交	学习时间	
学习任务	价格商谈技巧	学习地点	理实一体化教室

1. 完成下列判断题

（1）直接请求法是销售顾问通过信号判断客户有购买意愿时，直接提出建议购买的方法。（　）

（2）假设成交法是销售顾问在发现购买时机成熟时不直接问客户买不买，而是在假定客户同意购买的基础上通过提出一些成交会遇到的问题来促成交易的方法。（　）

（3）销售顾问可以通过适当地赞美客户及同行人员，使客户感觉满意，营造一种和谐舒适的气氛，促成交易，需要注意的是赞美必须是发自内心的，是实实在在的内容。（　）

（4）选择促进法是指销售顾问为客户提供两种解决问题的方案供客户选择。（　）

（5）利益促成法是指汽车销售人员以汽车的价值和利益来打动客户，促使对方采取购买行为的方法。（　）

（6）在与客户谈价格时，最好只报一次价格，关键时刻用赠送（赠品）达成交易。（　）

2. 完成下列选择题

（1）（　）能够快速地帮助客户作出购买选择，节约销售时间，提高工作效率，但是这种方法有一定的局限性，会给客户带来压力。

A. 直接请求法　B. 假设成交法　C. 选择促进法　D. 利益促成法

（2）（　）是销售顾问在发现购买时机成熟时不直接问客户买不买，而是在假定客户同意购买的基础上通过提出一些成交会遇到的问题来促成交易的方法。

A. 直接请求法　B. 假设成交法　C. 选择促进法　D. 利益促成法

（3）（　）是指销售顾问为客户提供两种解决问题的方案供客户选择。

A. 直接请求法　B. 假设成交法　C. 选择促进法　D. 利益促成法

（4）（　）是指汽车销售人员以汽车的价值和利益来打动客户，促使对方采取购买行为的方法。

A. 直接请求法　B. 假设成交法　C. 选择促进法　D. 利益促成法

（5）在与客户谈价格时，最好只报（　）次价格，关键时刻用赠送（赠品）达成交易。

A. 一　B. 二　C. 三　D. 四

3. 简答：报价协商的技巧有哪些？

4. 请写一写客户常用砍价话术的应对技巧

表 9-2-1　客户常用砍价话术的应对技巧

客户常用砍价话术	销售顾问解决话术
“我觉得你们的车还是不错，就是太贵了。”	
“便宜 3 000 元吧，不行就算了。”	
“我还是想买合资品牌的汽车。”	

项目考核

一、展厅客户产品介绍任务

客户张先生与张太太再次来到比亚迪销售展厅，通过销售顾问上次的介绍，他们对汉 EV 的介绍有了全面的了解，现在来到销售展厅是为了进一步了解车辆的报价。

（1）学生通过情景模拟角色扮演进行汽车报价成交方法和技巧的实操训练。

（2）学生分成 4 个小组，每个小组为一个销售团队，由组长带领组员进行任务分析、角色安排、话术准备、情景练习，保证每个同学都有工作安排且每个同学都要担任一次客户角色和销售顾问角色。

（3）小组学生对客户购车需求进行分析和预设后，小组成员一起综合运用报价成交方法和技巧编写推荐车型产品报价成交情景的脚本。

（4）在演练中，用报价成交考核表进行考核，每结束一位学生的演练，组长需要组织组员进行讨论互评，教师负责时间控制、进度管理、结果复核。

二、任务实施脚本

表 9-2-2　价格商订技巧实操表

任务内容	客户张先生与张太太再次来到比亚迪销售展厅，通过销售顾问上次的介绍对汉 EV 有了全面的了解，现在来到销售展厅是为了进一步了解车辆的报价			
客户画像				
步骤	位置	人物	话术及动作	注意事项
客户接待 资料准备		客户		
		销售顾问		
信息确认 库存检查		客户		
		销售顾问		
合同确认 信息收集		客户		
		销售顾问		
再次确认 签订合同		客户		
		销售顾问		
缴纳费用 售后参观		客户		
		销售顾问		
信息录入 送别客户		客户		
		销售顾问		

三、任务评价表

表 9-2-3　报价成交考核表

姓　名						
评价要素	评价内容	分值	得分		要素分值	得分
			自评	互评		
职业素养	着统一的商务装，符合形象礼仪	5			25	
	有主动进行沟通的意识和动作	5				
	交流始终面带微笑，神情专注亲和	5				
	语言表达符合销售礼仪要求	5				
	能执行展厅展车管理要求	5				
价格谈判	推荐贷款购车方式	5			75	
	解释贷款方案	5				
	主动推荐并介绍详细的贷款方案	5				
	获取客户联系方式	5				
	推荐保险业务	5				
	解释保险方案	5				
	推荐置换方案	5				
	解释置换方案	5				
	提供报价单	5				
	议价	5				
	对议价进行合理解释	5				
	通过优惠促成成交	5				
	准确填写报价单	15				
评价权重（%）			40	60	100	
评价各主体分数小结						

巩固拓展

（1）请小组课后完善统计并分析任务实施中报价成交考核表的相关数据，并根据评价表进行自我反思和提升。

（2）进行下一次教学任务的课前微课学习安排，通过信息化平台进行课前任务进度管理及课前学习情况分析。

（3）新任务迁移：其他品牌车型产品报价成交案例收集。

学生小组合作制订任务计划安排，分配组员收集其他品牌（不少于三个汽车品牌）的报价成交案例。学生收集与汉 EV 车型售价相近、车型风格相似、目标客户群体相同的汽车品牌在报价成交上的优劣对比并进行分析总结，制作成表格资料上交教师检查。

项目十

新车交付

学习目标

1. 知识目标

（1）掌握新车交付的流程步骤。

（2）了解各阶段新车交付的标准行为和要点。

2. 能力目标

（1）能罗列出新车交付的流程及具体步骤。

（2）能做好新车交车前的准备工作，顺利完成新车交付。

3. 素质目标

（1）培养主动学习的意识，养成自主探究的学习习惯。

（2）能够体现真诚、专业的职业素养，培养爱岗敬业的精神。

思政目标

（1）以新车交付为切入点，让学生学会积极沟通、自信忠诚、不忘初心的使命感和责任感。

（2）以新车交付的准备及客户接待为切入点，培养学生爱岗敬业、客户至上的专业意识。

（3）以客户至上为原则，培养学生爱岗敬业、贴心呵护、以人为本、精益求精的敬业精神。

情境描述

今天是张先生一家喜提新车的日子，刚走进汽车公司的大门就看到LED屏字幕写着“恭喜张 ×× 先生喜获 ×× 爱车，×× 汽车公司全体员工祝您上车发财！出行安全！我们将竭诚为您服务！”一看到字幕滚动着祝贺自己的贺词，张先生心里乐开了花。汽车销售顾问热情地迎接了张先生并陪同他办理了提车和车辆移交等手续。

<table>
<tr><td>项目名称</td><td>新车交付</td></tr>
<tr><td>小组成员</td><td></td></tr>
<tr><td>负责人</td><td></td></tr>
<tr><td>时　间</td><td></td></tr>
<tr><td colspan="2">情境描述：
今天是张先生一家喜提新车的日子，刚走进汽车公司的大门就看到LED屏字幕写着“恭喜张××先生喜获××爱车，××汽车公司全体员工祝您上车发财！出行安全！我们将竭诚为您服务！”一看到字幕滚动着祝贺自己的贺词，张先生心里乐开了花。汽车销售顾问热情地迎接了张先生并陪同他办理了提车和车辆移交等手续</td></tr>
<tr><td colspan="2">安排角色扮演及材料收集情况记录：</td></tr>
<tr><td colspan="2">安排完成情况记录：</td></tr>
<tr><td>小组负责人：</td><td>完成时间：</td></tr>
<tr><td colspan="2">教师评价：</td></tr>
</table>

项目分析

本次项目的内容是新车交付，将学习新车交付过程中常见的一些方法和技巧，首先学习最基础的新车交付前的准备，其次是新车交付的流程。采用理实一体化进行教学，通过课前微课（理论 + 实操）预习、课中理论强化及实操演练、课后拓展练习，达到知识、技能、素养提升。

任务实施

任务一　新车交付前的准备

10-1-1　新车交付前的准备理论

10-1-2　新车交付 PDI 检查理论

信息页

学习项目	新车交付	学习时间	30 min
学习任务	新车交付前的准备	学习地点	理实一体化教室

新车交付的时候是很令人兴奋的时刻，客户和销售顾问都实现了自己的心愿。在这个激动人心的时刻，销售顾问要将每个环节都做得尽善尽美，不出任何差错，为整个销售工作锦上添花。

一、新车交付的目的

对于大多数客户来说，车辆的移交是车辆购买决定、等待和期望过程的高潮，正是因为客户期待值很高，所以交车进行的好与坏直接影响口碑，从图 10-1-1 来看，客户心理兴奋度最高点是在交车的时候。所以交车环节的好坏是影响着客户对销售公司、汽车品牌印象的一个重要环节之一，更是树立汽车品牌口碑的重要环节。

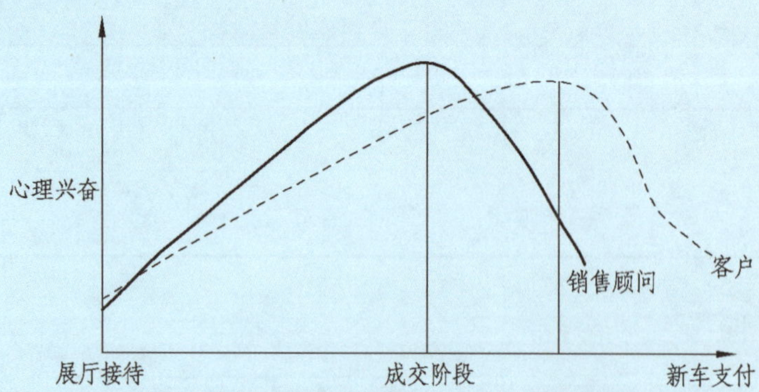

图 10-1-1　客户和销售顾问心理变化曲线图

二、新车交付前准备工作

（一）等待期间关怀客户

在交车前，及时跟进车辆及精品附件的运输或到货状态，确保按时交车，如遇车辆延期交付，解释原因并取得谅解，同时准备小礼物向客户表达歉意，主动联系客户并及时给予关怀，避免客户产生交车前后心理落差，联系客户告知预计的交车具体时间。

（1）电话邀约告知客户具体交车时间：包括交车前3日预约和交车前1日再次电话确认，电话邀约包括的内容有：

① 打电话与客户预约交车日期，并引导客户在适当的时间交车，同客户确认交车时间。

② 提醒客户携带上户人的身份证件及订车单据。

③ 向客户介绍交车内容和所需时间（交车流程需要60 min，包括六个流程：验看新车、签署文件与付款、新车使用说明、售后服务说明、车辆交付确认、举行交车仪式）。

④ 确认客户陪同人员（询问客户陪同人员，做好接待工作）。

⑤ 若客户尚有余款未付清，推荐客户刷卡将尾款存入本人银行卡或本人支付宝账号。

（2）交车前电话邀约术语案例：

销售顾问：“您好！李先生，我是××汽车销售公司的销售顾问小梅，您订的爱车已经到店了，请问明天或后天方便过来提车吗？”

客户李先生：“方便的，明天10点吧。”

销售顾问：“好的，帮您预约明天10点，请记得携带上个人的身份证件及订车单据，我们交车的流程大概需要60 min，包括几个环节：验看新车、签署文件与付款、新车使用说明、售后服务说明、车辆交付确认、举行交车仪式。请问您是和家人一同过来吗？”

客户李先生：“就我一个人。”

销售顾问：“嗯，好的，李先生，您剩下尾款的支付用刷卡或现金两种方式均可，请提前准备，避免耽误您的宝贵时间。”

客户李先生：“好，知道了。”

销售顾问：“那我们明天10点见，祝您生活愉快。”

（二）交车前准备

交车前做好准备，委托服务顾问进行PDI检查，PDI是Pre-delivery Inspection的缩写，意思是“交付前检查”，是经销商将新车交付给消费者之前必须履行的检查程序。为了确保向客户交付的新车不存在任何问题，PDI检查必不可少，它代表了新车从运输商品到正式“解锁”投入使用的转折。

清洁车辆，确保车辆清洁干净，并检查外观无明显划痕或飘漆等；内饰是否干净无异常，座椅真皮是否有污渍或破裂；给车辆加油，油量充足；预定交车位；为确保随车文件和工具完整，将文件放到交车文件袋内，进行装袋整理。给客户提前准备小礼物，提前通知相关人员做好交车准备，交车前24 h提醒客户交车事宜，避免客户忘记。

（三）交车前的物料准备

交车前汽车公司会有交车物料准备要求，比亚迪品牌交车物料清单如图10-1-2所示。

表 10-1-1 交车物料规范

交车区类型	物料清单	
常规交车	交车背景板； 礼品单（室内提供旋转酒水、点心等）； 气球、花束氛围类物料； 客户手捧鲜花（至少一束）； 个性化手举牌； 提车祝贺画板； 车铭牌贴纸； 定制礼品（如防疫礼包、定制口罩、异业合作联名等）； 节日氛围礼品（节日提供）； 礼盒（物料号见公司后续通知）	必做物料
	揭幕布； 礼花等； 比亚迪精品礼品	选做物料

工作页

学校名称		任课教师	
班　　级		学生姓名	
学习项目	新车交付	学习时间	
学习任务	新车交付前的准备	学习地点	理实一体化教室

1. 请完成下列判断题

（1）对于大多数客户来说，车辆的移交是车辆购买决定、等待和期望过程的高潮，正是因为客户期待值很高，所以交车进行的好与坏直接影响口碑。（　　）

（2）交车环节的好坏是影响着客户对销售公司、汽车品牌印象的一个重要环节之一，更是树立汽车品牌口碑的重要环节。（　　）

（3）新车交付前准备工作共有两项：等待期间关怀客户和交车前准备。（　　）

（4）在交车前，及时跟进车辆及精品附件的运输或到货状态，确保能按时交车。（　　）

（5）电话邀约告知客户具体交车时间：包括交车前 3 日预约和交车前 1 日再次电话确认。（　　）

2. 请完成下列选择题

（1）交车前做好准备，委托服务顾问进行（　　）检查。

A. PDI　　B. 车身　　C. 车辆外观　　D. 漆面

（2）（　　）检查必不可少，它代表了新车从运输商品到正式“解锁”投入使用的转折。

A. PDI　　B. 车身　　C. 车辆外观　　D. 漆面

（3）车前（　　）提醒客户交车事宜，避免客户忘记。

A. 12 h　　B. 24 h　　C. 36 h　　D. 48 h

3. 根据新车交付前销售顾问需要准备的三个方面的要点写出具体要求的关键词并结合实训条件进行演练前的准备

表 10-1-2　新车交付前的准备要点及要求

工作内容	操作要点	具体要求
新车交付前准备	车辆准备	
	文件准备	
	人员准备	

任务二　新车交付的流程

10-2-1　新车交付流程　　10-2-2　新车交付实操

信息页

学习项目	新车交付	学习时间	30 min
学习任务	新车交付流程	学习地点	理实一体化教室
新车交付的流程有交车前的准备、客户到店、交车仪式、客户送别及回访等四个环节。比亚迪 4S 店新车交付流程细则见图 10-2-1。			

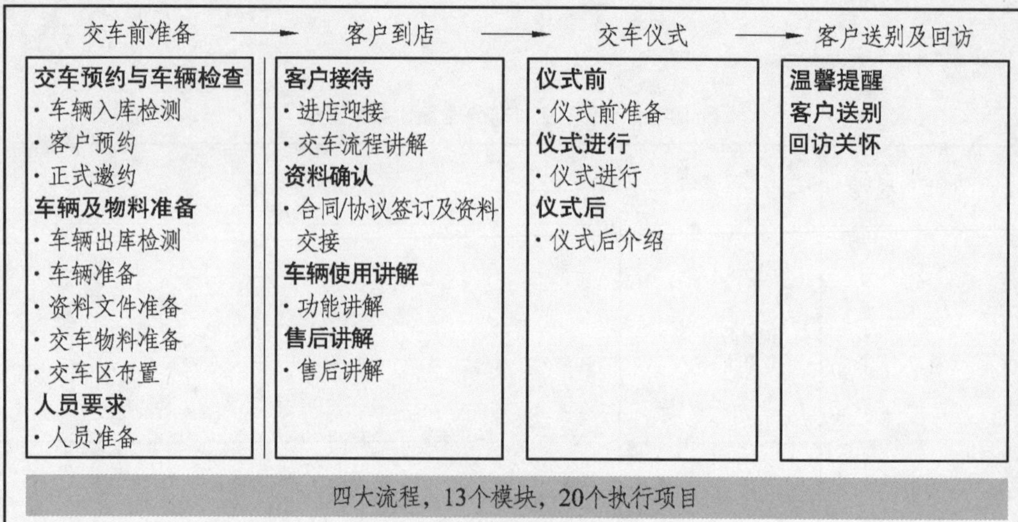

图 10-2-1 比亚迪交车流程

一、新车交付流程概述

首先在新车交付前需提前 30 min 把车辆停在交车区，提前安排好车辆、人员和环境，体现对客户的尊重。其次接待客户时要面带微笑，热情欢迎客户并引导其到达客户休息区，待客户坐下后，主动提供客户偏好的饮品，再向客户介绍交车流程以及所需要的时间，让客户做到心里有数，注意强调交车后对客户的益处，并得到客户的理解与认可。最后，在客户到店交车时，全体人员应保持热情，提高客户的交车满意度。

表 10-2-1 比亚迪新车交付的标准流程

操作步骤	具体内容
步骤 1	销售顾问在交车前一天通知售后服务部门人员，并邀请其参与售后服务介绍，服务顾问准备名片及售后新车交付提醒卡
步骤 2	PDI 专员依据比亚迪厂家要求，完成待交付车辆 PDI 出库检测，确保车辆功能完备及状态良好
步骤 3	（1）在交车区，销售顾问向客户介绍服务顾问后，服务顾问向客户递名片（须面带微笑，双手呈递），并引导客户保存服务店服务热线及微信号； （2）讲解机舱油液及高压部件构件分布，陪同客户一起检查车辆外观，无异议后介绍车辆功能及车辆保养使用常识；新能源 DMI 混动车型首保（HEV 混动里程 3500 km 或时间六个月以先到为准）；新能源 EV 纯电车型（总里程 5000 km 或时间三个月以先到为准）保养时需准备保养手册及行驶证，提前预约优先安排；车辆停放超过三个月要将电量充到 100% 再放电至 40% ~ 60% 再停放，磨合期建议多充电使用车辆，有利于保护动力电池； （3）陪同客户检查后备箱工具是否齐全并讲解使用说明注意事项，车辆整车质保为六年十五万公里，强调保修期限，首任车主车辆为非营运三电系统终身保修服务。 （4）在行驶过程中有任何问题都可以通过微信或者服务热线联系我们；向客户介绍比亚迪汽车 App 或小程序功能，引导客户进入比亚迪汽车 App 查看“使用手册”，并介绍“网点查询”“服务预约”“取送车”等功能。主动向顾客指明售后接待区入口及接待室位置，便于客户下次回店能准确找到
步骤 4	交车完成后，参与交车人员集体与客户合影，并祝福客户，一同送别客户，整理客户资料并交给档案管理员进行存档

二、新车交付具体步骤

（一）验看新车

带客户进行验收车辆，告知客户车辆已完成PDI检查，并出示检查表给客户过目，然后对照PDI检查表介绍检测项目，并回答客户存在疑惑的问题。

（二）签署文件与付款

车辆验收完毕，引导客户进行付款，先确认付款金额，了解客户付款的方式并引领客户到收银处，介绍收银员，收银人员祝贺客户购得爱车，在收款时要唱收唱付，处理收款事项，呈递付款材料给客户签字，发票打印后递交客户，欢送客户。

引导客户在免费维护凭证上签字，确认证件及单据，把随车资料和工具一一核对，并告知客户三包条款，将文件整理好并装袋，交给客户。

（三）新车使用说明

首先介绍车辆基本操作，回答客户的问题，常见介绍内容包括：座椅、后视镜、转向盘、钥匙、多功能显示仪表、巡航、天窗、灯光、加油口盖、信息娱乐系统、泊车系统、驻车系统、安全配置、提醒加注的燃油标号等内容的讲解，也可根据客户的需要重点讲解客户感兴趣的功能，如客户时间紧张，预约客户下次深入交流。

参考话术：

销售顾问："林先生，下面我给您介绍一下新车的配置以及主要的功能：（进入车内给客户讲解，座椅和转向盘调整，后视镜调整，电动天窗操作，空调、音响、灯光、仪表、发动机罩、加油口盖操作，刮水器功能的操作）您看还有什么疑问吗？"

（四）售后服务说明

参考话术：

销售顾问："林先生，这是我们的服务顾问吕小姐。"

服务顾问："您好！林先生，我是服务顾问小吕（同时递送名片），下面由我给您介绍车辆售后维护情况。混动车型在磨合期时，建议您首次保养前，在ECO（经济）模式下磨合，HEV（混合）模式使用比例应不低于50%；首次保养后，HEV（混合）模式使用比例应不低于10%。新能源DMI混动车型首保（HEV混动里程3500 km或时间六个月以先到为准）；新能源EV纯电车型（总里程5000 km或时间三个月以先到为准）保养时需准备保养手册及行驶证，提前预约优先安排；车辆停放超过三个月要将电量充到100%再放电至40%～60%再停放，磨合期建议多充电使用车辆，有利于保护动力电池；如果您的爱车在市区内出现问题，也可以拨打这个电话，无论任何时间，我们将前去救援，请问还有什么疑问吗？"

客户林先生："谢谢，没有了。"

服务顾问："祝您用车安全、愉快，如有问题，请给我们电话，我们将竭尽全力为您服务。"

表 10-2-2　售后新车交付提醒卡

<table>
<tr><td colspan="6">售后新车交付提醒卡（新能源版）</td></tr>
<tr><td>顾客姓名</td><td></td><td>联系电话</td><td></td><td>购买日期</td><td></td></tr>
<tr><td>车牌号码</td><td></td><td>车型</td><td></td><td>VIN 码</td><td></td></tr>
<tr><td colspan="6">☐ VIP</td></tr>
<tr><td colspan="6">顾客签字：
服务顾问签字：　　　　日期：
服务总监签字：　　　　维修专用章：
盖章处</td></tr>
<tr><td colspan="6">车辆交付流程记录</td></tr>
<tr><td colspan="6">（1）我是您的专业服务顾问：______，联系方式：______；
（2）您爱车的首保截止日期是一年月日或行驶（HEV 里程）3500 km+500 km（先到为准），您进店维修 / 保养时请携带《行驶证》《保养及保修手册》；
（3）您爱车的保养、保修政策及您所享有的权利和需履行的义务；
（4）新车磨合期需注意的事项：
（5）24 小时售后服务热线：0871-6509×××× 服务电话：13888437××××，您可通过拨打预约电话 0871-6509×××× 进行预约；
（7）预约参加迪车讲堂时间为______年______月______日；
（8）在您进行维修 / 保养后我们将对您进行回访，回访电话是______，同时，请您谨防电话诈骗。
（9）介绍车辆的一些配置使用特性。</td></tr>
<tr><td colspan="6">☐主驾座椅、方向盘、外后视镜记忆联动系统　☐座椅分级加热及通风　☐蓝牙钥匙　☐ PM 2.5 绿净系线　☐ 360° 全景影像系统　☐ EPB 电子驻车系统　☐行车记录仪☐双模切换　☐充电使用　☐移动电站　☐全景天窗</td></tr>
<tr><td colspan="6">我相信，勤奋与专注，造就精湛的维修技术；真诚与用心，收获满意的顾客评价。我愿意并不断追求为比亚迪顾客和车辆奉献最好的服务质量</td></tr>
</table>

（五）进行交车仪式

交车是客户最兴奋的时刻，此刻是客户难忘的时刻，所以交车仪式也是客户对汽车公司留下深刻记忆的瞬间。将客户带至新车旁，祝贺客户成为新车车主，同时放礼花或送花并合影留念，照片要当场打印交予客户，若是电子照片，在 3 天内发给客户。

（六）送别客户及回访

车辆交付后，由售后服务工作人员对客户进行满意度调查，并告知客户接下来的回访电话。客户离开前，提醒客户出去后及时加油，热情送别客户。交车后要制订跟踪计划，定期了解车辆的情况，与客户维持后续售后关系。

工作页

学校名称		任课教师	
班　　级		学生姓名	
学习项目	新车交付	学习时间	
学习任务	新车交付的流程	学习地点	理实一体化教室

1. 完成下列判断题

（1）新车交付的流程有交车前的准备、客户到店、交车仪式、客户送别及回访等四个环节。（　　）

（2）提前 30 min 把车辆停在交车区，提前安排好车辆、人员和环境，体现对客户的尊重。（　　）

（3）接待客户时要面带微笑，热情欢迎客户引导到达客户到休息区，待客户坐下后，主动提供客户偏好的饮品。（　　）

（4）向客户介绍交车流程以及所需要的时间，让客户做到心里有数，注意强调交车后对客户的益处，并得到客户的理解与认可。（　　）

（5）在客户到店交车时，全体人员应保持热情，提高客户的交车满意度。（　　）

（6）带客户进行验收车辆，告知客户车辆已完成 PDI 检查，并出示检查表给客户过目，然后对照 PDI 检查表介绍检测项目。（　　）

2. 完成下列选择题

（1）提前（　　）把车辆停在交车区，提前安排好车辆、人员和环境，体现对客户的尊重。

A. 10 min　　B. 20 min

C. 30 min　　D. 60 min

（2）陪同客户进行新车环车检查，介绍（　　），请客户确认。

A.《PDI 检查表》　　B.《新车产品说明书》

C.《客户满意度》　　D.《新车交接确认表》

3. 选择汽车品牌的某个新能源车型，根据新车交付流程编写新车交付场景话术

表 10-2-3　新车交付流程话术编写

新车交付流程	新车交付话术
验看新车	
签署文件与付款	
新车使用说明	
售后服务说明	
举行交车仪式	
送别客户及回访	

项目考核

一、展厅客户产品介绍任务

客户张先生与张太太再次来到比亚迪销售展厅，通过销售顾问上次的介绍对汉 EV 有了全面的了解，现在来到销售展厅是为了进一步了解车辆的报价。

（1）学生通过情景模拟角色扮演对汽车报价成交方法和技巧进行实操训练。

（2）学生分成 4 个小组，每个小组为一个销售团队，由组长带领组员进行任务分析、角色安排、话术准备、情景练习，保证每个同学都有工作安排且每个同学都要担任一次客户角色和销售顾问角色。

（3）小组学生对客户购车需求进行分析和预设后，小组成员一起综合运用报价成交方法和技巧编写推荐车型产品报价成交情景的脚本。

（4）在演练中，用报价成交考核表进行考核，每结束一位学生的演练，组长需要组织组员进行讨论互评，教师负责时间控制、进度管理、结果复核。

二、任务实施脚本

表 10-2-4　新车交付实操表

<table>
<tr><td>任务内容</td><td colspan="4">客户张先生与张太太看上 4S 店的某款车型，和销售人员进行一系列的咨询和对比，通过销售人员的报价，经过价格谈判后，决定购买。您作为销售人员，需要进行新车交付前的准备工作，顺利完成新车交付</td></tr>
<tr><td>客户画像</td><td colspan="4"></td></tr>
<tr><td>流程</td><td>步骤</td><td>参与人员</td><td>话术及动作设计</td><td>注意事项</td></tr>
<tr><td rowspan="3">交车前准备</td><td>交车预约与车辆检查</td><td></td><td></td><td></td></tr>
<tr><td>车辆及物料准备</td><td></td><td></td><td></td></tr>
<tr><td>人员要求</td><td></td><td></td><td></td></tr>
<tr><td rowspan="4">客户到店</td><td>客户接待</td><td></td><td></td><td></td></tr>
<tr><td>资料确认</td><td></td><td></td><td></td></tr>
<tr><td>车辆使用讲解</td><td></td><td></td><td></td></tr>
<tr><td>售后讲解</td><td></td><td></td><td></td></tr>
<tr><td rowspan="3">交车仪式</td><td>仪式前</td><td></td><td></td><td></td></tr>
<tr><td>仪式进行</td><td></td><td></td><td></td></tr>
<tr><td>仪式后</td><td></td><td></td><td></td></tr>
<tr><td>客户送别及回访</td><td>温馨提醒、客户送别、回访关怀</td><td></td><td></td><td></td></tr>
</table>

三、任务评价表

表 10-2-5　新车交付考核表

姓　名						
评价要素	评价内容	分值	得分		要素分值	得分
			自评	互评		
职业素养	着统一的商务装，符合形象礼仪	5			25	
	有主动进行沟通的意识和动作	5				
	交流始终面带微笑，神情专注亲和	5				
	语言表达符合销售礼仪要求	5				
	能执行展厅展车管理要求	5				
新车交付	交付前 3 日电话邀约	5			75	
	交付前 1 日电话确认	5				
	在约定的时间在展厅等待客户	5				
	热情招待引导客户及陪同人员进入舒适区	5				
	向客户概述交车内容和所需时间并告知客户会全程陪同	5				
	向客户说明准备工作	5				
	请客户签字确认车辆状况	5				
	请客户按《交车检查表》逐项检查车辆，并请客户签字确认	5				
	逐项检查车辆	5				
	请客户签字确认	5				
	介绍收银员	5				
	收银员礼貌说明应交尾款并让客户付款	4				
	将购车发票 / 银行卡 / 放行条交予客户，提醒客户妥善保管	4				
	向客户介绍售后服务经理和售后服务顾问	4				
	与客户合影留念，送客户离店	4				
	整理客户资料、完善销售工作表卡信息	4				
评价权重（%）			40	60	100	
评价各主体分数小结						

巩固拓展

（1）请小组课后完善统计并分析任务实施中新车交付考核表的相关数据，并根据评价表进行自我反思和提升。

（2）进行下一次教学任务的课前微课学习安排，通过信息化平台进行课前任务进度管理及课前学习情况分析。

（3）新任务迁移：其他品牌车型产品新车交付案例收集。

学生小组合作制订任务计划安排，分配组员收集其他品牌（不少于三个汽车品牌）的新车交付案例。学生收集与汉 EV 车型售价相近、车型风格相似、目标客户群体相同的汽车品牌在新车交付上的优劣对比并进行分析总结，制作成表格资料上交教师检查。

项目十一

客户维系

学习目标

1. 知识目标

（1）掌握成交客户售后跟踪回访技巧。

（2）掌握未成交客户售后跟踪回访技巧。

2. 能力目标

（1）能够说出成交客户售后跟踪回访的流程以及要点。

（2）能够说出未成交客户售后跟踪回访流程以及要点。

3. 素质目标

（1）培养主动学习的意识，养成自主探究的学习习惯。

（2）能够体现真诚专业的职业素养，培养爱岗敬业的精神。

思政目标

（1）以社会主义核心价值观为指导，培养学生诚信友善的品质且与客户建立良好的关系。

（2）以成交客户关系管理为切入点让学生学会包容尊重、诚实守信、积极沟通、不忘初心的使命感和责任感。

（3）以未成交客户关系管理为切入点正确对待名利得失，树立正确的事业观和业绩观，努力在销售顾问的岗位工作中创造不平凡的业绩。

情境描述

通过销售顾问王 × 的努力，客户张先生满意地提走了汉 EV。送走客户后，王 × 长舒一口气，伸伸懒腰，将客户资料进行整理，准备归档。销售经理走过来告诉他，针对客户张先生的销售工作还没做完，还需要继续努力。王 × 很奇怪，客户已经将新车提走，剩下的工作不是应该转交给售后部门吗？请设想一下，如果你是张先生，在爱车成交离店后你会不会焦虑后续用车过程中出现问题没人管？

项目分析

<table>
<tr><td>项目名称</td><td colspan="2">客户维系</td></tr>
<tr><td>小组成员</td><td colspan="2"></td></tr>
<tr><td>负责人</td><td colspan="2"></td></tr>
<tr><td>时间</td><td colspan="2"></td></tr>
<tr><td colspan="3">情境描述：
通过销售顾问王 × 的努力，客户张先生满意地提走了汉 EV。送走客户后，王 × 长舒一口气，伸伸懒腰，将客户资料进行整理，准备归档。销售经理走过来告诉他，针对客户张先生的销售工作还没做完，还需要继续努力。王 × 很奇怪，客户已经将新车提走，剩下的工作不是应该转交给售后部门吗？请设想一下，如果你是张先生，在爱车成交离店后你会不会焦虑后续用车过程中出现问题没人管？</td></tr>
<tr><td colspan="3">安排角色扮演及材料收集情况记录：</td></tr>
<tr><td colspan="3">安排完成情况记录：</td></tr>
<tr><td colspan="2">小组负责人：</td><td>完成时间：</td></tr>
<tr><td colspan="3">教师评价：</td></tr>
</table>

项目分析

本次教学任务为成交（未成交）客户回访介绍，教师将指导学生学习针对成交（未成交）客户回访的流程、过程中的要点以及常用回访技巧，首先学习成交客户回访，其次学习未成交客户回访。教学手段采用理实一体化进行教学，通过课前微课（理论 + 实操）预习、课中理论强化及实操演练、课后拓展练习，达到知识、技能、素养提升。

任务实施

任务一　成交客户回访

11-1-1　成交客户售后跟踪回访要点及流程

11-1-2　成交客户售后跟踪回访方法

信息页

学习项目	客户维系	学习时间	30 min
学习任务	成交客户回访	学习地点	理实一体化教室

一、售后跟踪服务的内容和要求

售后跟踪服务是汽车4S店销售服务中的重要组成部分，做好售后跟踪服务不仅关系到企业的信誉，更关系到客户对企业的满意度。

（一）具体内容

1. 整理客户资料，建立客户档案

客户在办完有关成交手续或商谈完后，业务部应于两日内将客户有关情况整理、制表并建立档案装入档案袋。

2. 根据客户档案资料研究客户的需求

汽车销售顾问根据客户档案资料研究客户对汽车维修及其他相关方面的服务需求，找出“下一次”服务的内容。

3. 与客户进行电话、信函联系，开展跟踪服务

业务人员通过电话联系让客户得到以下服务：

（1）询问客户用车情况，对本公司服务有何意见，有无新的服务需求。

（2）告知相关的汽车运用知识和注意事项。

（3）介绍本公司近期为客户提供的各种服务，特别是新的服务内容。

（4）介绍本公司近期为客户安排的各类优惠联谊活动。

（5）咨询服务。

（二）礼仪要求

在客户维系回访工作中，要遵循销售礼仪的标准，按要求进行回访。

参考话术：（标准坐姿、良好的情绪）“您好！请问是 ××× 女士或先生吗？我是您的专属服务顾问小刘，谢谢您对我们 4S 店的信任，您此次购买的是咱们比亚迪秦 PLUS 混动车型，咱们可能是第一次接触混动的车型，建议您在首次保养时，在 ECO（经济）模式下磨合，HEV（混合）模式使用比例应不低于 50%。您在用车期间有任何问题都可以和我联系，我将竭诚为您服务！再见！”

二、已成交客户的售后回访

为提高客户满意度，最大限度地创造企业忠实客户，汽车销售企业往往对已成交后的客户跟踪服务高度重视。为保障售后服务跟踪的质量，加强对服务人员的约束，企业往往都有内部制定的跟踪服务流程，如图 11-1-1 所示。

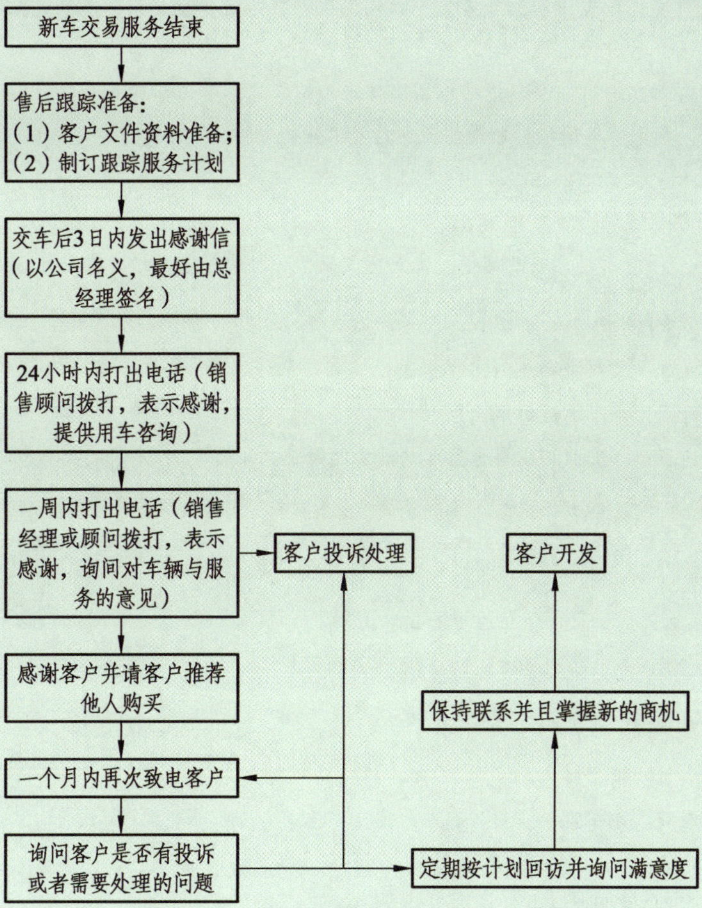

图 11-1-1　已成交客户售后跟踪服务流程

（一）首次回访

（1）回访人员：汽车销售顾问。

（2）回访时间：购车当天或第二天（一般上午交车下午回访；下午交车次日早晨回访）。

注意：如果在工作日回访应避免在上班时间的前后半小时内及下班前十分钟，以免给客户带来不便（一般 19:00—20:00 最佳）。

（3）回访内容：

① 以问候为主。

② 询问客户用车情况，是否仍存在使用方面的问题。

③ 告知客户随后会有客户服务部门同事的电话回访。

（4）参考话术：

服务顾问："您好！张女士/先生！我是(今天/昨天)刚为您提供交车服务的汽车销售顾问小刘，请问您现在接电话方便吗？"

情况一：

客户："方便。"

服务顾问："您驾车回去的路上都挺顺利的吧？感觉车辆操控起来还习惯吗？在使用方面有没有不清楚的或是想要进一步了解的地方呢？如果现在没有的话也没关系，请您记住我的联系电话和我们公司的电话，今后有什么疑问可以随时打电话过来，我们将竭诚为您服务！对了！稍后我们公司客户服务部门会对您进行一个简短的电话回访来确认您购车和用车的相关事宜，如果有打扰到您还请见谅。最后，祝您用车愉快！非常感谢您对我工作的支持！"

情况二：

客户："现在正在忙，不方便。"

服务顾问："不好意思，打扰您了。您看您大概什么时间方便，到时候我再打给您。"

（二）三天的回访

（1）回访人员：客户服务部门回访专员。

（2）回访时间：交车之后的第三天。

（3）回访内容：本次回访主要进行客户满意度调查。

① 询问客户对公司、对销售顾问的服务是否满意。

② 记录客户抱怨或投诉的内容并负责监督投诉处理情况，最后将处理措施告知客户，询问是否满意。

③ 告知售后服务的联系方式并提醒客户预约。

④ 提醒客户稍后汽车品牌公司的回访计划。

（三）一周内的回访

（1）回访人员：销售顾问。

（2）回访时间：交车后一周内。

（3）回访内容：

① 了解客户车辆使用情况。

② 提醒客户车辆的一些特殊功能。

③ 对交车之后的后续用车事项表示关怀。

（4）参考话术：

服务顾问："张先生/女士您好！不好意思打扰您了！我是您的汽车销售顾问小刘，您现在接电话方便吗？"

服务顾问："您的爱车已经使用一周了，您对车况还满意吗？对于车辆的各项使用功能在操作上还有疑问吗？人机互联功能用得习惯吗？如果没有问题请允许我向您作出下列提醒：您的爱车在走合期内请尽可能避免载荷过重、转速和车速过高行驶，一般车速应控制在 80 km/h 以内。您在购车后 3 个月或行驶里程达到 10 000 km 左右后可以来店做免费首保。到时候您记得提前打电话跟服务顾问预约，这样可以节约您的宝贵时间，再次感谢您对我工作的支持，今后若您对车辆有任何疑问或者有任何宝贵意见及建议，都可以及时跟我们联系。谢谢您！再见！"

（四）一个月的回访

（1）回访人员：销售顾问或销售经理。

（2）回访时间：交车后一个月左右。

（3）回访内容：车辆使用情况、行驶里程询问及前几次回访的感谢。

（4）参考话术：

汽车销售顾问："张先生 / 女士您好！不好意思，打扰您了！我是您的购车销售顾问小刘（或我是比亚迪汽车 4S 店的汽车销售主管小刘）请问您接电话方便吗？"

汽车销售顾问："非常感谢您选择在我店购买唐 EV！请问您这段时间车辆使用得还顺利吗？有哪些地方您觉得我们需要改进的吗？不知道您现在车辆行驶了多少里程了呢？请您记得在行驶里程达到 5000 km 左右（不同品牌行驶里程不同）的时候来店里为您的爱车做免费首保哦！"

（五）三个月的回访

（1）回访人员：服务顾问或客户服务回访专员。

（2）回访时间：交车后三个月左右。

（3）回访内容：首保提醒与预约为主。

（4）参考话术：

汽车销售顾问："张先生 / 女士您好！不好意思打扰您了！我是您的购车销售顾问小刘，请问您接电话方便吗？"

汽车销售顾问："张先生，您的爱车已使用三个月左右了，已经完成了走合期的磨合，不知道您的首保是否已经完成，如果没有的话我现在可以帮您做一个首保的预约，这样不仅可以为您节约宝贵的时间，也可以让您得到更周到的服务！"

（六）不定期的回访

（1）回访人员：客户服务部门人员。

（2）回访时间：一年左右及客户生日、会员日、节假日、公司搞活动前的不定期回访。

（3）回访内容：一年左右时，主要是续保提醒；客户生日、节假日，对客户表示问候与关怀；会员日、公司活动日，告知客户活动的具体内容，邀约客户来店参加活动等。

（4）参考话术：

客服部回访人员："张先生 / 女士，您好！不好意思打扰您了！我是比亚迪 4S 店的客服专员小杨。请问您现在接电话方便吗？"

客服部回访人员："是这样的，我们公司将举办一次大型的回请老客户活动，届时您到店后可以享受免费的空调检查、维护的项目，另外还为会员设置了'爱车知识讲座'。您看您到时候方便吗？欢迎您来店参加活动！"

工作页

学校名称		任课教师	
班　　级		学生姓名	
学习项目	客户维系	学习时间	
学习任务	成交客户回访	学习地点	理实一体化教室

1. 完成下列填空题

（1）购车后第一个月要进行跟踪回访，随后每 ________ 月进行一次售后跟踪联络。

（2）在客户回访后销售顾问要对 ________________ 补充完整、登录、存档。

（3）售后跟踪服务是汽车 4S 店销售服务中的重要组成部分，做好售后跟踪服务不仅关系到企业的信誉，更关系到 __________。

（4）客户维系回访工作中，要遵循 ________ 的标准，按要求进行回访。

（5）成交客户首次回访时间一般为购车 ______ 或 _____，一般上午交车，下午回访；下午交车，次日早晨回访。

2. 完成下列选择题

（1）客户购车后要在交车（　　）内回访客户。

A. 2 天　　B. 3 天　　C. 5 天　　D. 一周

（2）以下属于客户跟踪方法的有（　　）。

A. 电话跟踪　　B. DM/ 电子邮件　　C. 亲自拜访　　D. 以上皆是

（3）售后跟踪的最主要的目的是（　　）。

A. 传达对客户的照顾　　B. 提高客户满意度

C. 开拓客户来源让客户后续购车　　D. 建档归类传给服务部门

（4）下列关于售后跟踪说法错误的有（　　）。

A. 销售顾问交接工作时要注意客户信息完整

B. 交车后一周之内和客户电话联系

C. 通知客户免费的车检、首保

D. 感谢客户购车

（5）针对成交客户三天回访时回访内容，不包括（　　）。

A. 询问客户对公司、对销售顾问的服务是否满意

B. 记录客户抱怨或投诉的内容并负责监督投诉处理情况，最后将处理措施告知客户，询问是否满意

C. 无需告知售后服务的联系方式

D. 提醒客户稍后汽车品牌公司的回访计划

（6）成交客户三个月的回访电话由以下哪位拨打？（　　）

A. 服务顾问或客户服务回访专员　　B. 销售顾问

C. 销售经理　　D. 车间主管

任务二　未成交客户回访

11-2-1　未成交客户售后跟踪回访要点及流程　　　11-2-2　未成交客户售后跟踪回访方法

信息页

学习项目	客户维系	学习时间	30 min
学习任务	未成交客户回访	学习地点	理实一体化教室

对于未成交的客户销售顾问也不应该轻易放弃，而要采取主动出击的方式，如用电话联系等方式接近客户并进行深入的接触，以获得更广泛的客户资源，扩大汽车销量。

随着现代通信科技的发展，运用电话进行交流是高效、经济、简便的沟通方式，自然也成为销售顾问开发客户资源的有效方法。如图 11-2-1 所示：

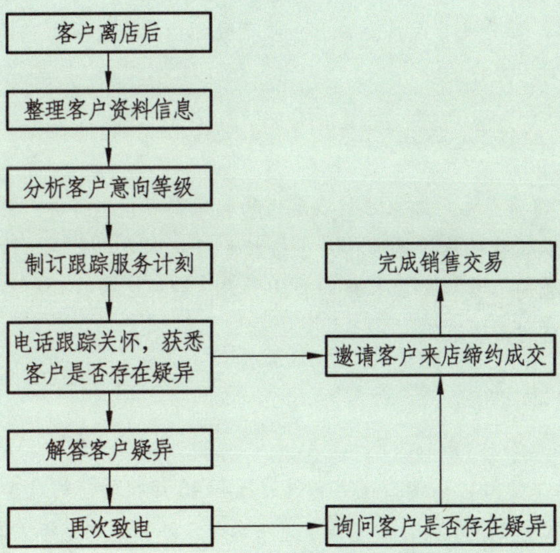

图 11-2-1　未成交客户售后跟踪服务流程

一、准备工作

（一）心理准备

在你拨打每一个电话之前都必须形成这样一种认识，那就是你所拨打的这个电话很可能就是你这一生的转折点或者是你现状的转折点，有了这种想法之后，你才可能对你所拨打的每一个电话保持认真、负责和坚持的态度，才能使你有一种必定成功的积极动力。

（二）电话内容准备

在拨打电话前要先把你所要表达的内容准备好，最好先列出几条以免对方接电话后自己由于紧张或者兴奋忘记自己的讲话内容。另外，和电话另一端的客户沟通时，要表达清楚每一句话的意思，该说什么、如何说都应有所准备，提前演练到最佳。

（三）电话礼仪

1. 通话时礼仪

电话接通后汽车销售顾问要先问好并自报家门，确认对方的身份后再谈正事。例如：“您好！我是比亚迪汽车4S店的小刘，请问杨老板（经理）在吗？杨老板（经理）您好，我是比亚迪汽车4S店的小刘，关于……”

2. 电话沟通时注意以下事项

（1）注意语气变化，态度真诚；

（2）言语要富有条理，不可语无伦次、前后反复，让对方产生反感或啰嗦之感。

（四）挂断前的礼仪

挂断电话之前业务人员一定要记住向客户致谢：“感谢您用这么长时间听我介绍，希望能给您带来帮助，谢谢！再见！”另外一定要等客户先挂断电话以示对客户的尊重。

（五）挂断后的礼仪

挂断客户的电话后，部分业务人员会说出一些不雅的词汇来舒缓自己的压力，作为一名专业的电话营销人员，这是绝对不允许的。

二、未成交客户的回访范例

由于汽车商品属于昂贵产品，加上目前汽车市场同级别可供选择的产品类别、品牌较多，因此在汽车销售过程中，一次成交的客户不多，对于接触之后未成交的客户，销售顾问的工作重点是通过回访了解客户的相关信息，提供解决客户问题的方案，推荐其他适合的服务并邀约客户再次来店洽谈，下面列出几种常用的回访范例。

（一）利益吸引法

参考话术：

服务顾问：“杨先生您好！我是上次您来我们汽车4S店接待您的汽车销售顾问小刘。本周末公司会举办促销活动，优惠力度很大，想邀请您过来参加，不知道您是否方便？”

客户：“不好意思，我没时间。”

服务顾问：“这次的优惠活动力度很大，而且刚好是针对您上次来看的那款车型，您到店后还会收到公司赠送的超值神秘礼品哦！”

（二）交易条件确认法

参考话术：

服务顾问：“杨先生，您好！我是上次您来比亚迪汽车4S店接待您的汽车销售顾问小刘。上次您来店里看了车，不知道您现在考虑得怎么样了？”

客户：“还在考虑中。”

服务顾问：“上次您看完车后我把您的情况跟销售主管汇报了一下，销售主管非常重视您这位客户，特邀请您来店里进一步讨论购车细节，相信到时您一定会有意外的惊喜，因为很多事情销售主管才有权决定。”

（三）试乘试驾邀约法

参考话术：

服务顾问：“杨先生，您好！我是上次您来比亚迪汽车4S店接待您的汽车销售顾问小刘，不知道您上次看完车之后是否考虑好了？”

客户：“还在考虑中。”

服务顾问：“您真的是一位非常理性的客户，确实，买车是件大事，一定要仔细对比考虑才能选到真正适合自己的爱车，正好这周末我们公司会举办试乘试驾活动，想邀请您亲自过来体验一下。毕竟像您这样比较关注车辆的动力性、舒适性的客户要亲自试乘试驾过才能感受出来这些性能，您说对吧？”

工作页

学校名称		任课教师	
班　　级		学生姓名	
学习项目	客户维系	学习时间	
学习任务	未成交客户回访	学习地点	理实一体化教室

1. 完成下列填空题

（1）对于未成交的客户销售顾问也不应该轻易放弃，而要采取_______出击的方式，如用_____等方式接近客户并进行________以获得更广泛的客户资源，扩大汽车销量。

（2）随着现代通信科技的发展运用，电话进行交流是_____、_____、_____的沟通方式，自然也成为销售顾问开发客户资源的有效方法。

（3）向客户拨打电话时，电话接通后汽车销售顾问要先______并____，确认对方的身份后再___________。

（4）未成交的客户销售顾问的工作重点是________________，提供解决客户问题的方案。推荐___________________，邀约客户__________洽谈。

2. 完成下列选择题

（1）以下话术运用了什么样的回访技巧：“服务顾问：‘这次的优惠活动力度很大而且刚好是针对您上次来看的那款车型，您到店后还会收到公司赠送的超值神秘礼品哦！’”（　　）

A. 利益吸引法　　B. 交易条件确认法　　C. 试乘试驾邀约法

（2）以下话术运用了什么样的回访技巧：“服务顾问：‘上次您看完车后我把您的情况跟销售主管汇报了一下，销售主管非常重视您这位客户，特邀请您来店里进一步讨论购车细节，相信到时您一定会有意外的惊喜，因为很多事情销售主管才有权决定。’”（　　）

A. 利益吸引法　　B. 交易条件确认法　　C. 试乘试驾邀约法

（3）以下话术运用了什么样的回访技巧：“服务顾问：‘您真的是一位非常理性的客户，确实，买车是件大事，一定要仔细对比考虑才能选到真正适合自己的爱车。正好这周末我们公司会举办试乘试驾活动，想邀请您亲自过来体验一下，毕竟像您这样比较关注车辆的动力性、舒适性的客户要亲自试乘试驾过才能感受出来这些性能，您说对吧？’”（　　）

A. 利益吸引法　　B. 交易条件确认法　　C. 试乘试驾邀约法

项目考核

一、成交（未成交）客户回访任务

一对中年夫妇在销售顾问的精准推荐下先后三次进店体验爱车，最终成功签订购车合同，在销售顾问的帮助下完成相关手续后，客户驾驶着爱车离店。

（1）学生通过前面理实一体化的学习后，基本掌握了成交以及未成交客户回访的流程以及要点和技巧，现在要通过情景模拟角色扮演的教学方法将所学的方法和技巧进行实操训练。

（2）学生分成 4 个小组，每个小组为一个售后回访团队，由组长带领组员进行任务分析、角色安排、话术准备、情景练习，保证每个同学都有工作安排且每个同学都要担任一次客户角色和销售顾问角色。

（3）教师指导小组学生针对未成交客户编写再次邀约进店的话术并对成交客户进行首次、三日、一周、一月、三月及不定期回访准备，小组成员一起综合运用成交及未成交客户回访方法和技巧编写回访话术情景的脚本。

（4）在演练中，用客户回访考核表进行考核，每结束一位学生的演练，组长需要组织组员进行讨论互评，教师负责时间控制、进度管理、结果复核。

二、任务实施脚本

表 11-2-1　成交（未成交）客户回访话术编写

任务内容	一对中年夫妇在销售顾问的精准推荐下先后三次进店体验爱车，最终成功签订购车合同，在销售顾问的帮助下完成相关手续后，客户驾驶着爱车离店		
客户第一次进店体验并离店后			
成交 / 未成交	回访话术编写	回访目的	要点
客户第二次进店体验并离店后			
成交 / 未成交	回访话术编写	回访目的	要点
客户第三次进店体验并离店后			
成交 / 未成交	回访话术编写	回访目的	要点

三、任务评价表

表 11-2-2　客户回访考核表

对象	考核项目	分值	评估要点与配分	得分
已成交客户	首次回访	15	问候 5 分、询问客户用车情况 5 分、告知客户会有客户服务部门电话回访 5 分	
	三天的回访	15	询问对公司、对销售顾问是否满意 4 分、记录客户抱怨或投诉的内容且进行处理 4 分、告知售后服务的联系方式 4 分、提醒客户汽车品牌公司的回访计划 3 分	
	一周内的回访	15	了解客户车辆使用情况 5 分、提醒客户车辆的一些特殊功能 5 分、对交车之后的后续用车事项表示关怀 5 分	
	一个月的回访	15	车辆使用情况、行驶里程询问 10 分，对之前几次回访的感谢 5 分	
	三个月的回访	5	首保提醒与预约 5 分	
	不定期的回访	15	对车主续保提醒 5 分，客户生日、节假日问候与关怀 5 分，会员日、公司活动日邀约客户来店参加活动 5 分	
未成交客户	电话沟通礼仪	20	语气变化态度真诚 8 分、挂断前的礼仪 6 分、挂断后的礼仪 6 分	
总分合计		100		

巩固拓展

（1）请小组课后完善统计并分析任务实施中成交及未成交客户考核表的相关数据，并根据评价表进行自我反思和提升。

（2）教师进行下一次教学任务的课前微课学习安排，通过信息化平台进行课前任务进度管理及课前学习情况分析。

（3）新任务迁移：多元回访方式。

教师布置新的任务：在进入 21 世纪信息化时代后，人们的生活越来越离不开对移动端的使用，社交软件也层出不穷：微信、微博、微视频、抖音、快手等充斥着大家的生活，针对客户维系工作中最常规的电话回访，我们可以设想是否可以寻找新的媒介，目的是让客户切身感受我们对他的关注及关心，请同学们尝试用短视频的方式结合声音、图像、背景音乐制作一条回访短视频。

项目十二

短视频与直播营销

学习目标

1. 知识目标

（1）了解什么是新媒体营销。

（2）掌握短视频的概念以及拍摄的技巧和要点。

（3）掌握直播的概念以及拍摄的技巧和要点。

2. 能力目标

（1）创新汽车销售模式，能利用手机策划并拍摄一则汽车产品的宣传短视频。

（2）创新汽车销售模式，能利用手机直播平台策划并进行一场汽车线上销售直播。

3. 素质目标

（1）培养创新学习意识，养成自主探究的学习习惯。

（2）与时俱进，能够体现真诚，专业的职业素养，培养爱岗敬业的精神。

思政目标

（1）以新媒体平台为切入点，赏析新媒体营销作品，发现美、感受美。

（2）强化职业道德，合理利用网络媒介，切实保护好自己的信息安全，加强网络安全的保护，站在保卫国家安全的角度来考虑，防止数据丢失，防止数据被窃取。保护个人信息以及隐私，自觉维护好网络安全，使学生认识到良好的职业道德和作风修养是做好销售顾问信息处理及保密工作的基础与保障。

（3）以短视频和直播营销为切入点，让学生了解到所有的禁忌和规则，在最大程度上保证创作过程中，不触碰法律红线，不触碰道德红线，做一个诚信守法的短视频内容创作者和直播营销者。

情境描述

客户张先生与张太太的儿子在北京工作，知道两老有购买汉 EV 的意愿后，也想对汉 EV 车型进行了解，但是由于工作原因不能到店咨询体验。如果你是销售顾问，你如何让张先生和张太太的儿子远程选购、体验车辆？同时，在“云看车”的过程中，怎样提升客户的体验感与满意度呢？

<table>
<tr><td>项目名称</td><td colspan="3">短视频与直播营销</td></tr>
<tr><td>小组成员</td><td colspan="3"></td></tr>
<tr><td>负责人</td><td colspan="3"></td></tr>
<tr><td>时　间</td><td colspan="3"></td></tr>
<tr><td colspan="4">情境描述：
客户张先生与张太太的儿子在北京工作，知道两老有购买汉 EV 的意愿后，也想对汉 EV 车型进行了解，但是由于工作原因不能到店咨询体验。如果你是销售顾问，你如何让张先生和张太太的儿子远程选购、体验车辆？同时，在“云看车”的过程中，怎样提升客户的体验感与满意度呢？</td></tr>
<tr><td colspan="4">安排角色扮演及材料收集情况记录：</td></tr>
<tr><td colspan="4">安排完成情况记录：</td></tr>
<tr><td colspan="2">小组负责人：</td><td colspan="2">完成时间：</td></tr>
<tr><td colspan="4">教师评价：</td></tr>
</table>

项目分析

本次教学任务为短视频与直播营销，教师将指导学生学习新媒体营销中最常用的两种媒介，即短视频和直播在汽车销售中的应用，创新销售新方式，首先学习短视频及直播平台的基本概念，其次学习用手机拍摄短视频的技巧及要点，最后学习直播流程及要点，完成直播的策划。教学手段采用理实一体化进行教学，通过课前微课（理论 + 实操）预习、课中理论强化及实操演练、课后拓展练习，达到知识、技能、素养提升。

任务一　短视频与直播概述

12-1-1　短视频概念　　12-1-2　直播概念

信息页

学习项目	短视频与直播营销	学习时间	30 min
学习任务	短视频与直播概述	学习地点	理实一体化教室

一、短视频概述

（一）短视频的定义

关于什么是短视频，目前尚没有一个合适的定义。Social Beta 认为：“短视频是一种视频长度以秒计数，主要依托于移动智能终端实现快速拍摄与美化编辑，可在社交媒体平台上实时分享和无缝对接的一种新型视频形式。”

短视频是移动互联网时代新的传播信息符号，基于移动互联网的不断发展，短视频行业适应了受众移动化的媒介阅读习惯。随着短视频行业背后的产业链不断地发展，大批量企业和自媒体博主还会入驻短视频。为了创新汽车销售新模式，介入短视频迫在眉睫。

国外比较有代表性的短视频发布平台有 Instagram、Vine、Snapchat 等。国内此类产品的起步稍晚于国外，但已有微视、秒拍、啪啪奇、美拍、微信短视频等先行者作出了探索。

（二）短视频的特点

（1）视频长度短，一般控制在 30 s 以内；

（2）制作门槛低，无需专业拍摄设备；

（3）社交属性强，短视频的传播渠道主要为社交媒体平台。

（三）短视频营销的定义及优势

短视频的出现是对社交媒体现有主要内容（文字、图片）的一种有益补充，同时，优质的短视频内容亦可借助社交媒体的渠道优势实现病毒式传播。

（1）品牌更强：视频可以轻松地植入或是向用户传递品牌形象，并且在视频之中，产品形态是多样化的，产品维度可以是人，也可以是画面、场景、情节等，用户的接受程度会更高，也会让用户对于广告本身进行二次传播。

（2）互动性强：视频维度众多。视频可以和用户产生互动，用户可以发送弹幕，用户也可以自己投稿，又或者模仿视频进行再拍摄等。

（3）渠道更广：短视频平台范围更广，每个用户都可以对视频点赞、转发、评论，并且视频也可以分享到微信、QQ 等各个社交平台。所以短视频营销的范围更广。

（四）短视频平台

图 12-1-1　各短视频平台 App 图标

（1）从属性来看：火山、美拍、快手皆为 P+U 系平台，自媒体配合度较为可控；抖音、小红书为 U 系平台，更容易实现曝光或树立口碑。

（2）从产品定位来看：快手、抖音主推时刻记录生活，小红书偏向用户分享社区，B 站更偏向二次元文化传播平台，秒拍则定位为新浪微博的内容承载工具。

（3）从内容来看：快手走猎奇路线，头条系更偏向流行、“激萌”“二次元”方面的内容，美拍聚焦挖掘萌宠、穿搭等主流消费行业内容，小红书开辟垂直化女性好物分享平台。

（4）从受众来看：快手、抖音、火山等平台更加大众化，覆盖面广，小红书、美拍偏向女性化人群，B 站更重视对“二次元动漫”、游戏受众的渗透。

二、直播概述

视频直播服务（App 服务顾问 RaVideo Live）是基于领先的内容接入、分发网络和大规模分布式实时转码技术打造的音视频直播平台，提供便捷接入、高清流畅、低延迟、高迸发的音视频直播服务。

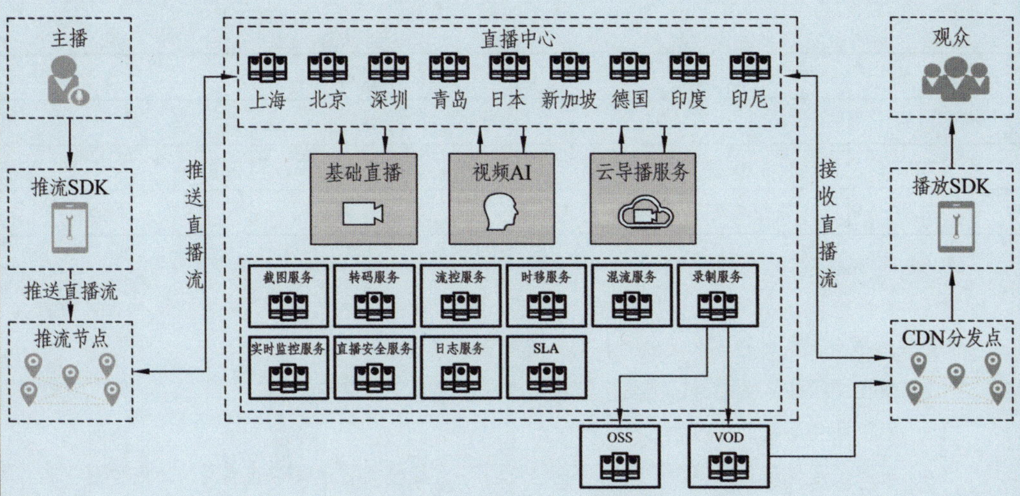

图 12-1-2　直播服务技术流程图

直播是媒体传播的一种形式，其目的就是把信息传递给受众，受众的多少是衡量媒体是否优秀的第一标准。所有的粉丝构成了我们的客户或潜在客户，而直播的受众就来源于这些粉丝，没有这些粉丝，就没有直播受众的保证，所以，吸粉是做好直播的首要任务。打造优秀的内容是吸粉的唯一途径。

优秀的内容有两方面的含义，一是内容有价值，客户看了长知识、有兴趣，正切合他的需求；二是在表现手法上比较新颖、独特，能够抓人的眼球。从最初的报纸、广播，到网络平台再到现在的自媒体，内容决定客户的本质一直没有变。因此，汽车 4S 店必须围绕企业自媒体（不论哪个平台）把内容做好，这个内容不仅仅是直播的内容，包括视频、文案等各模块，这些内容做得好，才能引起更多的关注，才有机会利用平台的规则放大自身影响力，从而吸引更多的客户，为做好直播打下基础。内容做得好还有一个重要的作用，即利于客户培育，通过不断传递给客户优质的内容，对于客户消费意识的形成有潜移默化的作用。

正是因为汽车短视频赛道的快速崛起，如今短视频已经成为众多汽车品牌高度重视的营销渠道，汽车电商的增量数字也以惊人的速度增长。

透过现象看本质，短视频、直播对汽车行业带来的改变背后也是汽车主力消费人群的改变。从消费端反馈的数据看，“80 后”已经成为车型置换的主力，“90 后”“00 后”已经开始购入自己的第一辆汽车，而这三个世代的群体成长在国内信息化发展的浪潮中，对网络购物，甚至购车、购房都持积极的态度，是全面拥抱网络的时代群体。根据快手白皮书的预测，Z 世代（1995 年至 2009 年出生的一代人）已成为主流消费群体，预计 2025 年 Z 世代新购车人群占比将超 60%。

与此同时，短视频、直播对女性群体的影响力也更大，更多女性对汽车短视频内容更加感兴趣，这与曾经文字时代女性群体对汽车内容阅读的比例极低形成了鲜明的对比。

在这一趋势的引领下，年轻化、女性化、个性化营销成为车企链接用户的新增长点，这也意味着车企与消费者的触动交互将面临更高难度的挑战，需要切实把握用户内核价值取向，建立正确的营销观念认知，以更直接、更有深度、更长线的沟通手段撬动消费者的心智。

工作页

学校名称		任课教师	
班　　级		学生姓名	
学习项目	短视频与直播营销	学习时间	
学习任务	短视频与直播概述	学习地点	理实一体化教室

1. 请完成下列判断题

（1）短视频是一种视频长度以秒计数，主要依托于移动智能终端实现快速拍摄与美化编辑，可在社交媒体平台上实时分享和无缝对接的一种新型视频形式。（　　）

（2）微视、秒拍、啪啪奇、美拍、微信短视频等都属于短视频平台。（　　）

（3）短视频长度短，一般在 5 min 以内。（　　）

（4）短视频是移动互联网时代新的传播信息符号，虽然其基于移动互联网的不断发展，但短视频行业无法适应受众移动化的媒介阅读习惯。（　　）

（5）视频直播服务是基于领先的内容接入、分发网络和大规模分布式实时转码技术打造的音视频直播平台，提供便捷接入、高清流畅、低延迟、高进发的音视频直播服务。（　　）

2. 完成下列选择题

（1）下列不是短视频特点的是（　　）。

A. 品牌更强　　B. 互动性强　　C. 渠道更广　　D. 受众范围小

（2）下列哪项不是短视频的特点（　　）。

A. 视频长度短一般控制在 5 min 以内

B. 制作门槛低，无需专业拍摄设备

C. 社交属性强。短视频的传播渠道主要为社交媒体平台

（3）如何策划一场有价值的直播？（　　）

A. 直播内容有价值，客户看了长知识、有兴趣，正切合他的需求

B. 表现手法上比较新颖、独特，抓住消费者的眼球

C. 以上都是

3. 完成下列问答题

（1）简述短视频的特点。

（2）简述直播的定义。

（3）论述短视频与直播的关系。

（4）简述短视频的分类。

任务二　汽车销售短视频拍摄

12-2-1　短视频拍摄要点

12-2-2　短视频拍摄技巧

信息页

学习项目	短视频与直播	学习时间	60 min
学习任务	汽车销售短视频拍摄	学习地点	理实一体化教室

一、短视频分类

（一）商品短视频（9 ~ 30 s）

商品型短视频主要基于单一产品展示。拍摄时可用水平或垂直角度拍摄，用简洁的步骤突出商品的卖点。

（二）内容视频（3 min 内）

基于内容的视频统称为内容型短视频，需要情节、故事或人才教学。

二、短视频制作

（1）制作一个 15 s 的视频，在 15 s 内充分凸显产品自身的亮点。

（2）短视频符合平台要求。

（3）提炼短视频卖点。

卖点提炼可以从以下几个方面开始：

① 图形细节。产品细节页面已经提炼和总结了产品的卖点，所以在准备拍摄短视频时，细节页面中的经验总结和数据验证应该提前整理出来。

② 市场调研。本模块展示了客户在购买前最关心的问题，例如尺寸是否准确以及是否有色差……可以在视频拍摄过程中详细解释这些客户经常询问的要点，以解决客户的顾虑。

③ 客户服务查询表。顾客最常问的问题通常是大多数顾客密切关注的问题。客户服务部需要及时保存查询表的记录，并定期进行汇总，以在视频中显示客户最关注的要点。

（4）短视频卖点表达。

① 前 10 s 非常重要。核心卖点应该在视频的前 10 s 明确。不要显示任何超过 2 s 的标题。

② 证明而不是展示。采用可视化文本描述。例如，为了证明汽车舒适性，让一个身高 185 cm 的男士进行实景展示。

（5）设备准备：一般来说，手机、相机和摄像机是拍摄短视频最常用的三种设备。

表 12-2-1 拍摄短视频的常见设备的优缺点对比

种类	优点	缺点
手机	方便携带，价格实惠，操作简单	像素低，容易出现噪点
单反相机	携带方便，拍摄画质好，手控调节力强，镜头多	价格贵，操作性差，拍摄时间短
业务级摄像机	电池蓄电量大，可以长时间使用	体型大，价格贵，画质没有相机好，操作性差

拍摄辅助设备：自拍杆、补光灯、手持云台、高清相机镜头、设备支架等。设备支架、云台可以防止手抖动造成的视频画面晃动；补光灯可以增加光线，在昏暗的环境下呈现出更加自然的脸部肌肤。

（6）短视频拍摄其他注意事项：

① 学会构图技巧。

② 保持画面稳定。

图 12-2-1 手机稳定器拍摄

③ 善于利用光线。

④ 寻找拍摄角度。

图 12-2-2 通过对比构图拍摄图片

（7）编写短视频分镜头脚本。

表 12-2-2 是镜头脚本的模板，除了拍摄前的相关准备以外，镜头的核心所在是景别、画面描述及字幕台词，这是初级版的短视频拍摄提纲，进阶版的拍摄提纲还包含机位、画面时间、音效等内容。

表 12-2-2 短视频拍摄提纲

短视频拍摄提纲			
视频主题:			
内容简介:			
背景音乐:			
出镜人物:			
镜头	景别	画面描述	台词
1			
2			
3			
4			
5			
6			
7			
8			
9			
10			

视频主题：视频的标题、题目，等同于一篇文章的题目；

内容简介：视频内容的概括及拍摄目的；

背景音乐：视频画面的音乐，可随镜头切换准备不同的音乐；

出镜人物：参演的人员，如男 1（张三）、男 2（李四）；

镜头：以视频的一个画面为一个镜头；

景别：摄影机与被摄体的距离，如全景、中景、远景、近景、特写；

画面描述：把一个画面展现的内容写下来，如场景、人物、动作；

台词：每个镜头中人物说话的内容或字幕。

（8）后期制作：短视频制作后期基本上遵循初剪—正式剪辑—作曲选曲—特效录入—配音合成的流程。

工作页

学校名称		任课教师	
班　　级		学生姓名	
学习项目	短视频与直播营销	学习时间	
学习任务	汽车销售短视频拍摄	学习地点	理实一体化教室

1. 请完成下列判断题

（1）景别指摄影机与被摄体的距离，如全景、中景、远景、近景、特写。（　　）

（2）画面描述指把一个画面展现的内容写下来，如场景、人物、动作。（　　）

（3）短视频中产品卖点在前 30 秒一定要表现出来。（　　）

（4）短视频分为内容短视频和非内容短视频两类。（　　）

（5）在策划一份短视频脚本时，镜头的核心所在是景别、画面描述及字幕台词。（　　）

2. 请完成下列选择题

（1）关于商品型短视频下列说法错误的是（　　）。

A. 主要基于单一产品展示

B. 水平和垂直两种版本均可拍摄商品类短视频

C. 可以放置单个产品标题图的位置

D. 一定要详细、认真、大篇幅突出商品的卖点

（2）下列哪项不是拍摄辅助设备？（　　）

A. 自拍杆　　B. 补光灯　　C. 手持云台　　D. 高清相机

（3）下列哪项不是短视频中卖点提炼的方法？（　　）

A. 图形细节　　B. 市场调研　　C. 客户服务查询表　　D. 随机介绍

3. 请完成下列问答题

（1）短视频拍摄的注意事项有哪些？

（2）如何制作一则短视频？

任务三　汽车销售直播

12-3-1　汽车销售直播要点　　12-3-2　汽车销售直播技巧　　12-3-3　汽车销售直播实操

信息页

学习项目	短视频与直播营销	学习时间	60 min
学习任务	汽车销售直播	学习地点	理实一体化教室

一、开播前的准备

在冷启动阶段希望提升直播效果，需要对直播间进行预热，吸引流量进入直播间。

（一）短视频预热

（1）发布时间：开播前 2 ~ 3 h 发布视频，如果有重大直播可提前 1 天在粉丝活跃的时间段发布短视频。

（2）短视频内容：日常更新的视频内容，在视频内容快要完结时用贴纸提示点击头像；专门的直播预热视频，视频内容可包含明确的直播时间、直播内容、直播亮点，视频文案可说明直播时间。

（3）文案示例如图 12-3-1 所示。

图 12-3-1　汽车销售短视频预热文案示例

（二）往期直播预热

可以固定在一个时间段直播，在直播中反复强调自己下次直播的时间，已经在直播间的客户是较为精准的潜在客户。在直播间预告下次直播时间可有效为下次直播引流，同时引导客户关注账号。

（三）主页简介、昵称预热

在主页公告直播时间，所有进入主页的客户都可以提前锁定，建议固定直播时间。

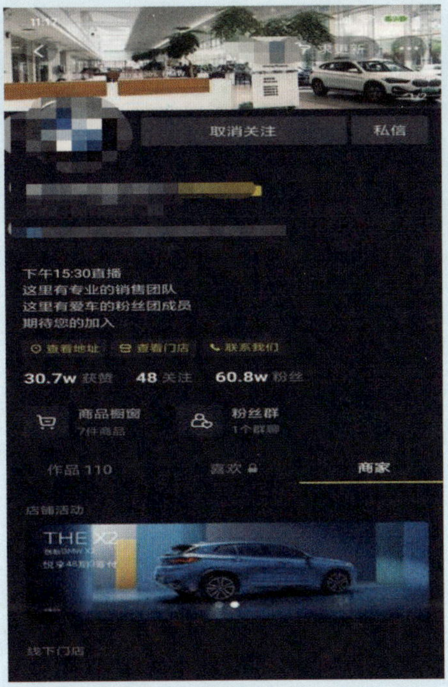

图 12-3-2　公司抖音主页介绍

（四）采买流量

（1）品牌广告 / 竞价广告采买流量：通过信息流广告吸引更多流量进入直播间。

（2）dou+/ 直播 dou+：使用 dou+ 产品采买流量（视频加热、直播间加热），可简单参考以下模板：

表 12-3-1　主播脚本模板

时间	时长	直播内容	音乐选择
12:00—12:10	10	破冰、自我介绍、与网友互动收集一下话题，等待直播间人数	轻柔音乐
12:10—12:15	5	引导大家进行第一轮直播间话题互动	（欢快）主持人开场音乐
12:15—12:20	5	聊聊刚才与网友互动中有代表性的话题	轻音乐
12:20—12:35	15	聊客户买的车是否真正符合自己的实际需求	轻音乐
12:35—12:50	15	销售人员在车辆展示中，我们需要重点听哪些东西、问什么问题	轻音乐
12:50—13:30	40	车型展示环节（展示展厅所有车型）	有激情的音乐
13:30—13:50	20	总结一些购车中应该注意的事项，例如：推荐的车是否真的符合你的需求；预算应该怎么控制；颜色选择、动力和配置发生冲突怎么取舍等	
13:50—14:00	10	主播与粉丝见面，聊聊明天想听的话题	
总时长	120		

注意事项：及时与粉丝互动，找一些能引起粉丝共鸣的话题，不要太商业化；注意音乐声音、背景光的保持；手机调至飞行模式防止电话干扰；着装正式；设置一个管理员；是否找一位奥迪车主连线（考虑中）

二、店内直播

（一）直播场景选择

白天可以选择在光线充足的户外进行直播，当自然光线不充足时尽量选择在展厅内直播，保证灯光明亮。可以通过店内移动直播突出店铺环境优势，带着粉丝“逛起来”，其中移动直播建议购买稳定器。

（二）场景布置注意事项

不建议使用过度单一的场景布置（一面白墙），可以简单布局装饰，突出店内的真实感，避免嘈杂、光线斑驳的环境。

（三）直播画面

1. 直播画面

建议竖屏展示，内容更加丰富且不会出现黑框。使用手机直播即可，安卓手机尽量选择品牌旗舰机，苹果手机 iPhone 8 及以上版本更佳。保持手机稳定，可适当调整美颜数值。根据条件可以选购补光灯、手持云台、耳麦等。

2. 内容安排

开播前简单地写一个脚本规划大概的直播内容，可以根据粉丝互动随机应变。内容包括主要介绍的产品、特惠活动等，直播时长建议至少 2 h。

3. 直播时间

可根据行业及自身粉丝的活跃时间选择适合开播的时间段。

（四）开始直播

1. 开播流程

（1）开播流程：

复制以下文字并打开抖音：#直播课堂如何玩转抖音直播？跟着@×××，你也能成为最火主播。

（2）标题：5 字以内。（如 # 新车到店、# 二手车、# 精品车况、# 汽车）

（3）封面：简洁大方，上传新图。

（4）显示位置：打开定位，可以获得更多同城流量。

（5）其他功能预览：道具、美颜……

2. 直播间功能

（1）道具：贴纸（可编辑文字贴在直播间）、面部识别头饰。

（2）主播任务：点击直播间右上角方形图查看，完成任务有奖励。

（3）管理员设置：点击直播间在线的粉丝头像，在头像右上角点击“管理”，管理员有禁言特权。

（4）屏蔽词设置：点击直播间右下角“三个点”—选择“设置”—“设置屏蔽词”。

3. 直播过程中的三步循环法

二手车行业受行业属性影响，直播目标区别于普通主播和其他带货主播，核心目标为引流到店。由于商品金额大、同行竞争激烈、决策周期长，在直播中应突出专业，建立信任，从而引导客户“转化种草”，每 10 min 进行货品介绍、转化引导、粉丝互动，整个直播以 10 min 为单位循环进行。

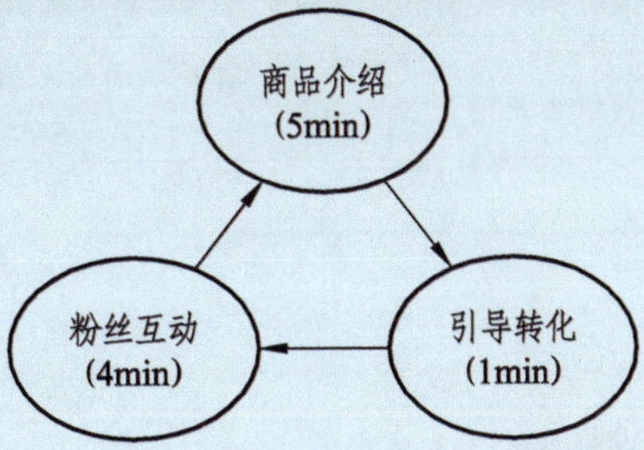

图 12-3-3　本地商户直播 10 min 三步循环法

（1）第一步：商品介绍（5 min）。

① 重点介绍某具体车型，但此处商品介绍不局限于车，包括店铺环境、服务、线下活动等一系列可吸引用户到店消费的内容。

② 反复强调商品卖点：直播间流动性大，平均停留时长一般不超过 40 s，所以需要在短时间内反复强调货品卖点（包括直播间是做什么的、在介绍的产品是什么、核心亮点是什么），以便在短时间内引起新客户的注意和兴趣。

③ 介绍中穿插粉丝互动与引导转化：部分情况下不能等完整介绍完一个商品再穿插其他两个部分，过程中客户将大量流失。

④ 实际使用展示：可以从汽车的外观、内饰、空间方面做具体展示，重点在内饰部分，主播可以坐在车辆内部并将乘坐体验分享给客户，如介绍汽车内饰特点及空间实用性。

⑤ 到店客户互动：客户更相信其他顾客的实际感受，充分发挥门店优势，引导到店客户互动。例如设置优质的到店客户参与直播，分享真实的试车体验和用车感受。

（2）第二步：引导转化（1 min）。

用指令性语言引导客户关注和留资，很多时候观众注意不到需要关注主播，需要主播主动引导，提醒客户点击关注。

表 12-3-2　直播引导话术示范

序号	目的	引导动作	目标	参考话术
1	拉新、留存、促活跃	关注主播	提升账户粉丝数	“关注主播不迷路，下次直播可以收到提醒，点击左上角的主播头像关注下主播吧！”
2		关注粉丝团	提升送礼人数、粉丝团人数	“如果觉得主播讲得好可以来一波小心心，感谢 ××× 的礼物，大家可以给榜一点点关注。”
3		留言互动	提升直播间活跃度	“家人们还想看什么车可以在评论区扣出来。”“如果你们平常用车也遇到这样的问题可以在评论区刷 1。”
4		分享直播	提升当时直播间人气	“家人们可以分享下咱们的直播间，直播间 1000 人咱们上福袋啦。”
5	留资	私信	客户预定 / 留资（无成本留资）	“如果大家想具体了解我们直播的车型，可以私信我们，会有客服一对一回答。”“××× 您刚说的车型我们这边有，在另一个展厅，具体车辆资料可以私信我们。”
6		小风车（表单）	获取客户意向金 / 手机号	“有看中咱们车辆的朋友可以点击下方小风车提前预订哈，一车一价，数量有限，我们以预定为准，欢迎大家来店试车！”
7	到店引流	电话拨打	客户预定 / 留资	“对刚介绍的车型感兴趣的大哥可以到主页给我们一键拨打电话。”
8		查看 POI 点	查看地址 — 领取卡券	“咱们店在 ××××××，可以到主页查看咱们的定位，欢迎到店试驾。”

（3）第三步：粉丝互动（4 min）。

识别直播中的重点意向客户，针对性解答疑问，广撒网的同时需要重点“捞鱼”。

① 粉丝互动目的：增加用户对商品的了解，增强对主播的信任感，增加粉丝直播间的停留时长，直播需维持高频互动，利用直播及时互动优势，让粉丝有参与感。

② 引导用户关注：用指令性语言引导用户关注、分享，直播的粉丝积累效果非常明显。例如：“关注主播每天看好车！”“喜欢主播的左上角点点关注，谢谢大家。”

③ 引导用户评论：通过话题、福袋、红包等行为或活动引导粉丝评论互动，既可以提升直播间氛围也可以更好地了解观众感兴趣的内容。例如："想看这款车的老铁们扣个666，我带大家去看！"

④ 重点行为点名：对分享、关注、刷礼物、提问的重点行为进行点名，提高粉丝参与互动的欲望。例如："××× 你说的宝马5系咱们这有哈，18/19 款，稍等一下带兄弟们一起看看。"

⑤ 重点老粉丝维护：识别多次观看直播的粉丝，在直播间中重点互动。

4. 汽车直播的五个小技巧

（1）专业形象：可以是公司老板自己播，也可以是有经验的工作人员直播。尽量做到直播间内的形象统一，如服装有记忆点、设计有吸引力的口头禅。

（2）线下活动：发挥店铺优势，以线上直播引导参加线下活动，例如凭抽奖截图到店购车可以享受优惠或福利。

（3）坚持直播：坚持直播，包括每次直播不低于 2 h（时间太短不利于系统识别直播间定位，不利于推荐精准流量），以及每周在固定时间点直播（有利于客户形成记忆点）。

（4）多设置疑问及互动：直播中可以根据当下热门的汽车新闻等引导互动，针对客户的疑问可以不用立即做出回应，适当地拖延，活跃直播间气氛，增加用户停留时长。

（5）抽奖 / 红包 / 福利：可以利用整点时间段或点赞整数发放福利，可以是抖币红包也可以是赠送礼品、提供保养等。

5. 直播后的复盘

有的商家总是埋头直播，不关心直播数据，不做数据复盘，这样无法横向或纵向去对比分析数据。

6. 数据收集渠道

如抖音 App 端主播中心、企业服务中心（e.douyin.com）、创作者服务中心（creator.douyin.com）、巨量百应（buyin.jinritemai.com）。

工作页

学校名称		任课教师	
班　　级		学生姓名	
学习项目	短视频与直播营销	学习时间	60 min
学习任务	汽车销售直播	学习地点	理实一体化教室

1. 请完成下列判断题

（1）直播时要增加用户对商品的了解，增强对主播的信任感，增加粉丝直播间的停留时长，直播需维持高频互动，利用直播及时互动优势，让粉丝有参与感。　　（　　）

（2）坚持直播包括每次直播不低于 2 小时，时间太短不利于系统识别直播间定位，不利于推荐精准流量。　　（　　）

（3）直播中可以根据当下热门的汽车新闻等引导互动，针对客户的疑问可以不用立即做出回应，适当地拖延，活跃直播间气氛，增加用户停留时长。　　（　　）

（4）直播间流动性大，平均停留时长一般不超过 40 s，可以随便介绍货品卖点。　　（　　）

（5）直播不是主流销售手段，所以开播前不用写脚本规划大概的直播内容，可以根据粉丝互动随机应变。　　（　　）

2. 请完成下列选择题

（1）关于直播场景选择下列说法不正确的是（　　）。

A. 白天可以选择在光线充足的户外进行直播

B. 当自然光线不充足时尽量选择在展厅内直播，保证灯光明亮

C. 可以通过店内移动直播突出店铺环境优势，带着粉丝“逛起来”

D. 直播对光线没要求

（2）汽车销售直播中对产品介绍的说法下列错误的是（　　）。

A. 重点介绍某具体车型，但此处商品介绍不局限于车，包括店铺环境、服务、线下活动等一系列可吸引用户到店消费的内容

B. 反复强调商品卖点：直播间流动性大，平均停留时长一般不超过 40 s，所以需要在短时间内反复强调货品卖点（包括直播间是做什么的、在介绍的产品是什么、核心亮点是什么），以便在短时间内引起新客户的注意和兴趣

C. 介绍中穿插粉丝互动与引导转化：部分情况下不能等完整介绍完一个商品再穿插其他两个部分，过程中客户将大量流失

D. 网络是虚拟的，不用在直播中对产品进行使用展示

（3）开播前简单地写一个脚本规划大概的直播内容，不包括以下哪个方面（　　）。

A. 介绍产品　　B. 直播时长（建议至少 2 h）

C. 特惠活动　　D. 不用编写脚本

3. 请完成下列问答题

（1）汽车直播的技巧有哪些？

（2）开启一场店内直播要注意哪些方面的内容？

（3）开播前要做哪些准备？

项目考核

一、短视频、直播营销介绍任务

为了迎合新媒体的发展，在晨会上销售经理对销售顾问提出了短视频拍摄和直播的任务，小张平时没怎么关注短视频和直播，对此小张利用周末到图书馆查找了相关资料开始学习。其后小张在接待客户时发现大多年轻客户在店内体验时都喜欢在空余时间刷抖音看直播，对此小张想到自己也可以利用抖音拍短视频上传或者在抖音上开直播来吸引客户，开启“云买车”功能，此后小张开始着手进行了短视频的拍摄与直播的练习。

（1）学生通过前面理实一体化的学习后，基本掌握了新媒体营销中短视频及直播的概念特点以及拍摄的技巧，现在要通过实际动手演练的教学方法将所学的内容进行实操训练。

（2）学生分成 4 个小组，每个小组为一个销售团队，由组长带领组员进行任务分析、角色安排、脚本编写、实景练习，保证每个同学都有工作安排且每个同学都要担任一次导演和主播的角色。

（3）教师指导小组学生了解产品车辆、准备拍摄工具并安排人员进行内容创作，小组成员一起综合运用所学知识和技能进行短视频的拍摄、直播间的搭建及直播。

二、任务实施脚本

（1）通过资料查询找出目前常见短视频、直播平台的优缺点并完善下面的表格。

表 12-3-3　常见短视频直播平台的优缺点对比

平台	特点	优势	缺点
抖音			
快手			
哔哩哔哩			
西瓜视频			
斗鱼			
熊猫直播			
淘宝直播			
花椒直播			

（2）综合利用所学知识以及课外知识，填写下表中短视频和直播的联系和区别。

表 12-3-4　短视频与直播的联系和区别

	短视频	直播
联系		
区别		

（3）利用手机等设备进行短视频拍摄。

① 综合所学摄影摄像知识，以校内实训用车为对象拍摄一张照片，打印后贴在框内并写出 100 字的作品创作思路介绍。

作品粘贴区	作品创作思路

② 以小组为单位，完成短视频构思并创作一个短视频拍摄脚本。

表 12-3-5　短视频拍摄脚本

短视频脚本				
时长	画面内容	素材来源	画面文字	背景音乐

（4）利用手机开一场直播。据客户的需求，你将利用线上直播的方式为张先生提供“云看车”服务，对此请以小组为单位写出此次“云看车”的直播脚本。

表 12-3-6 “云看车”直播脚本

直播脚本				
时间	时长	直播内容	话术	备注
直播数据粘贴区				

巩固拓展

“新数字化模式”改革已经悄然来临。在以用户为中心的时代，消费者对产品有更高的要求，能让用户真正参与产品、营销，才是车企、经销商营销所追求的方向。现在正是以消费者为中心的时代。车企从渠道扩张和地面推广再到通过各种门户、垂直网站获得意向客户的联系方式，然后想方设法让他们进店。消费已经不再接受单向的信息灌输，各种短视频流量信息让消费者有了更多触达和选择的途径。在这个消费者越来越懂车的时代，用户决策周期越来越短，决策时间点越来越前置。如何快速精准地找到用户、连接用户、服务用户，是汽车营销一直不断探索的问题。

（1）请小组课后完善统计并分析任务实施中直播后台的相关数据，并进行自我反思和提升。

（2）新任务迁移：不同平台对短视频及直播的要求一样吗？

教师布置新的客户任务：伴随移动互联网的发展，短视频和直播将成为未来汽车营销的新方向和重要阵地之一。请同学们在课后多平台进行短视频投放以及直播练习，看看你在哪个平台的流量最好。

参考文献

[1] 夏志华，张子波 . 汽车营销实务 [M]. 北京：北京大学出版社，2010.

[2] 刘建伟 . 汽车销售实务 [M]. 北京：北京理工大学出版社，2012.

[3] 赵创娟，唐照梅 . 汽车销售 [M]. 北京：人民交通出版社，2019.

[4] 袁红军，华奇 . 新能源汽车概论 [M]. 北京：人民邮电出版社，2022.

[5] 莫舒玥 . 汽车营销技术 [M]. 北京：人民交通出版社，2021.

[6] 姜顺明 . 新能源汽车基础 [M]. 北京：北京大学出版社，2015.

[7] 杜丽娟，王建茹 . 新能源汽车营销 [M]. 北京：高等教育出版社，2022.

[8] 林绪东，葛长兴 . 汽车销售实用教程 [M]. 2 版 . 北京：机械工业出版社，2021.

[9] 刘金霞，宋宝珍 . 汽车销售实务 [M]. 镇江：江苏大学出版社，2021.

[10] 吴翱翔，梅玉颖，张蕊 . 汽车销售技 [M]. 北京：清华大学出版社，2012.

[11] 刘亚杰 . 汽车销售实务 [M]. 2 版 . 北京：清华大学出版社，2017.

[12] 王丽霞 . 汽车销售实务 [M]. 北京：机械工业出版社，2019.

[13] 程艳 . 汽车销售实务 [M]. 北京：北京理工大学出版社，2013.

[14] 杜英姿 . 汽车营销 [M]. 2 版 . 北京：高等教育出版社，2012.

[15] 张发明 . 汽车营销实务 [M]. 2 版 . 北京：机械工业出版社，2016.

[16] 刘海艳 . 汽车销售技术 [M]. 北京：机械工业出版社，2016.

[17] 赵学峰 . 汽车市场营销实务 [M]. 北京：机械工业出版社，2012.